Christoph Rau

Die Prüfung
des Gewissens

Christoph Rau

Die Prüfung des Gewissens

Martin Luthers Reformation
und ihre Hintergründe

Urachhaus

Der Autor dankt Frau Carola Balcke für ihre hilfreiche Mitarbeit an der Entstehung dieses Buches.

ISBN 978-3-8251-5140-9

Erschienen 2017 im Verlag Urachhaus
www.urachhaus.com

© 2017 Verlag Freies Geistesleben & Urachhaus GmbH, Stuttgart
Bildauswahl: Verlag Urachhaus
Umschlaggestaltung: Ursula Weismann
Umschlagabbildung: Lucas Cranach d. Ä. (1472–1553), Luther mit Barett, 1529
© akg-images
Gesamtherstellung: CPI books GmbH, Leck

Inhalt

1 Rechtfertigung und Ökumene 7
2 Der gute Wille als Grundlage der Rechtfertigung 12
3 Blick ins Zeitgeschehen: Das Ende des Mittelalters 18
4 Luthers reformatorische Vorgänger 22
5 Luthers Werdegang und seine Reise nach Rom 27
6 Zweifel an Luthers Lehre 32
7 Die Bergpredigt 36
8 Der Ablass – seine Entstehung und seine Wirkung 40
9 Der kirchliche Ablass und Luthers 95 Thesen 43
10 Das Verhör vor Kardinal Cajetan und
   der Vermittler von Miltitz 47
11 Die Leipziger Disputation und Tetzels Tod 54
12 Die Reformation war später –
   das Wittenberger Turmerlebnis in Luthers eigener Sicht . . . 57
13 Die ideelle Grundsteinlegung der neuen Ordnung 62
14 Schärfste Gewissensprüfung:
   Luther vor dem Reichstag in Worms 68
15 Die Verdeutschung der Bibel 75
16 Hunger nach neuen Formen 79
17 Erasmus und der Humanismus:
   Rechtzeitige Hilfe von außen 82
18 Folgen der Reformation für Klöster und Gottesdienst 88
19 Die neue Messe und der religiöse Alltag 91

20 Der Bauernkrieg 1525 95
21 »Von dem Gottesdienst« 1526 98
22 Katechismen – Visitationen – Landeskirchen 102
23 Das Marburger Religionsgespräch und die
   Schweizer Reformatoren 107
24 Das Augsburger Bekenntnis 1530 112
25 Die Schmalkaldischen Artikel (1537) 118
26 Luthers Hingang und seine Nachwirkung 123
27 Offen gebliebene Fragen 127

Verwendete und weiterführende Literatur 139

1 Rechtfertigung und Ökumene

Immer wieder stellt sich die Frage, wie es möglich ist, dass ernsthaft gläubige Menschen das höchste Heil in einer Sache sehen, die andere, ebenso gläubige Christen für nebensächlich, ja geradezu für heilswidrig halten. Wir meinen die Rechtfertigung des Menschen vor Gott, nicht aufgrund seiner Werke oder seines Verhaltens, sondern allein aus dem Glauben. Paulus formuliert deutlich im Römerbrief 1,17: »Der Gerechte wird aus dem Glauben leben.« Die Rechtfertigungslehre wurde von den frühen Kirchenvätern als Zentrum des christlichen Glaubens angesehen, von Augustinus gründlich durchdacht, dann aber von der Kirche als Drohmittel missbraucht, sodass sie zu einer bloßen Werkgerechtigkeit verkam. Dagegen musste der frisch promovierte Theologieprofessor aufbegehren.

Luther befand sich im Zentrum seines religiösen Suchens, stand aber noch vor dem eigentlichen Durchbruch, als seine Auseinandersetzung mit der Buß- und Ablasspraxis der Kirche begann. Nicht zufällig wird 1517, das Jahr seiner ersten Konfrontation mit der Kirche, auch das Jahr, in dem er die Rechtfertigungslehre bei Augustinus[1] entdeckt: Von diesem Zentrum aus kann Luther immer tiefer in das wortreiche Ideengeflecht des afrikanischen Kirchenvaters eindringen. Rückblickend erscheint es auch mehr als ein Zufall, dass sich der junge Mönch für den Augustiner-Orden entschieden hatte.

Seit nunmehr 500 Jahren teilt sich die christliche Welt in zwei Lager. In dem größeren katholischen gelten die guten Werke als heilsnotwendig. Dagegen werden sie in dem kleineren protestantischen Lager, das sich von dem größeren Lager abgetrennt hat, verworfen – mit dem Argument, es komme allein auf den Glauben an, durch den

---

[1] In Augustins Schrift *Vom Geist und vom Buchstaben* (*De spiritu et littera liber unus*).

die Gnade Gottes wirke, denn die göttliche Vorsehung habe schon über Gut und Böse entschieden. Sein Leben lang war Luther vom Determinismus geplagt, also von der Vorstellung, alle menschlichen Vorhaben seien vorherbestimmt und damit einer freien Entscheidung längst entwachsen.

Allerdings lehrt ein Blick ins Evangelium, dass die guten Werke nicht ganz vom Schlechtesten sein können, denn bereits am Anfang der Bergpredigt gibt Jesus die Devise aus: »Lasst euer Licht leuchten vor den Menschen, dass sie eure guten Werke sehen und euern Vater in den Himmeln preisen« (Mat 5,16).

Dieses Wort berührt alle Fragen, um die es im Folgenden geht, nicht zuletzt die Frage der Cooperatio, der Zusammenarbeit von Gott und Mensch.

Das Verhalten des Christen soll ein offenes Bekenntnis zum Vatergott und damit zugleich zu der großen Gemeinschaft aller Gläubigen sein. Viele Gleichnisse unterstützen das Gebot Jesu, indem sie die Pflicht zum Vollbringen guter Werke nahelegen. Dazu gehören die Gleichnisse von den anvertrauten Talenten oder von den sechs Werken der Barmherzigkeit (Mat 25), des Weiteren Stellen aus den Apostelbriefen wie diese: »Was hilft es, wenn einer sagt, er habe Glauben, hat aber keine Werke vorzuweisen?« (Jak 2,14). Oder wenn Paulus seinen Schüler Titus dazu ermuntert, er solle die Gläubigen dazu anspornen, sich »durch gute Werke« hervorzutun (Tit 3,8). Im Gottesdienst der Christengemeinschaft werden die Gläubigen daran erinnert, dass ihre Werke vor Gott nichts bedeuten, dass ihnen aber die Gegenwart Gottes die Sehnsucht eingibt, gegen die Sünde vorzugehen, die uns von Gott trennt, und sie zu besiegen.

Heute stehen sich in Europa die beiden Konfessionen einigermaßen wohlwollend gegenüber. Das war nicht immer so: Die ersten Jahrhunderte nach Luthers Reformation waren geprägt von unversöhnlicher Gegnerschaft, jede Seite schmähte die andere mit Karikaturen und üblen Hetzschriften.

Jahrhundertelang folgte man auf katholischer Seite dem Lutherbild des Johannes Cochlaeus, der in seinen kurz nach Luthers Tod erschienenen *Commentaria de actis et scriptis Martini Lutheri* von 1549 keinen guten Faden an Luther ließ.² Aber die lutherische Seite war nicht weniger gehässig, da Theologen und Buchdrucker ihren Ehrgeiz dareinsetzten, sich in gemeinen Schmähschriften und Flugblättern gegenseitig zu übertrumpfen.

Erst das 20. Jahrhundert brachte eine Annäherung der Konfessionen, und zwar mit elementarer Kraft »von unten her«. Sie begann in dem brüderlichen Widerstand gegen den Nationalsozialismus und die trügerischen Reichs-Ideen der sogenannten »Deutschen Christen«. Dieser Gefolgschaft einer parteihörigen Kirche stellte sich der Bruderbund der Bekennenden Kirche innerhalb der evangelischen Pfarrerschaft schon früh entgegen – zunächst in aller Verborgenheit als »Notbund«, später auch offen als Bekennende Kirche organisiert. Als die braune Herrschaft andauerte, erlebten Katholiken und Protestanten eine neue Brüderlichkeit, da sie im Widerstand gegen die Diktatur ohne Ansehen der Konfession nebeneinander standen. Als Gefangene des NS-Staates waren Katholiken und Protestanten nicht länger Feinde, sondern Brüder und Schwestern.

Nach dem Zusammenbruch des Nationalsozialismus, dessen barbarische Zerstörungswut sich am Ende des Zweiten Weltkriegs in der Verheerung Europas offenbarte, begann die Zeit eines offenen Aufeinanderzugehens. In beiden Lagern war die Einsicht erwacht, es sei besser, sich in gründlichem Studium ein objektiv wahres Bild des Gegenübers zu verschaffen, statt sich in Eigenlob zu ereifern und die Brüder im anderen Lager zu diffamieren. Doch der Weg zur Ökumene war noch weit.

Als sich Vatikan und Lutherischer Weltbund nach langwierigen Beratungen im Jahre 1999 in Augsburg über die Gültigkeit der Rechtfertigungslehre einigten, bejubelte man euphorisch die *Offizielle Feststellung der Gemeinsamen Erklärung zur Rechtfertigungslehre:* Die totale Einigung der beiden Kirchen schien greifbar nahe. Aber bald meldeten sich kritische Stimmen; besonders heftig wurde die Debatte

---

² Im *Handbuch der Kirchengeschichte* IV, S. 206 heißt es: »Die verzerrte Darstellung der Lutherkommentare des Cochlaeus hat das katholische Lutherbild bis in unser Jahrhundert bestimmt.«

auf den Leserbriefseiten der Frankfurter Allgemeinen Zeitung ausgefochten. Mittlerweile sind im Juli 2006 die Methodisten und im Juli 2017 die »Weltgemeinschaft der reformierten Kirchen« der Erklärung beigetreten.

Die heftigste Kritik kam indirekt aus Rom, als ein Jahr nach Augsburg Kardinal Joseph Ratzinger als Präfekt der Glaubenskongregation das Dokument *Dominus Jesus* unterzeichnete, in dem den Protestanten attestiert wurde, im eigentlichen Sinn »keine Kirche« zu sein; »seither hat der Ökumene-Prozess seinen Schwung verloren«[3]. Auf die Rechtfertigungslehre bezog sich Joseph Ratzinger als Präfekt der Kongregation für die Glaubenslehre in einem Artikel der Zeitschrift *Communio* vom 31. Oktober 1999, in dem er auf die Umkehrung des Verhältnisses von Gott und Mensch hinwies:

> Für den Menschen von heute haben sich die Dinge gegenüber der Zeit Luthers und gegenüber der klassischen Perspektive des christlichen Glaubens in gewisser Hinsicht umgekehrt: Nicht mehr der Mensch glaubt der Rechtfertigung vor Gott zu bedürfen. Er ist der Meinung, dass Gott sich rechtfertigen müsse angesichts alles Schrecklichen in der Welt und angesichts aller Mühsal des Menschseins, das letztlich doch alles auf sein Konto geht.[4]

Im gleichen Zusammenhang zitiert Ratzinger einen namentlich nicht genannten katholischen Theologen, der herausstellte: Christus habe nicht für die Sünden der Menschen gelitten, sondern habe gleichsam die Schuld Gottes abgetragen.[5] Solch ein Satz stellt an Blasphemie manches andere in den Schatten, bringt aber genau die Meinung der jungen Generation zum Ausdruck. Am 10. Juli 2007 ließ sich Joseph Ratzinger in *Antworten auf Fragen zu einigen Aspekten bezüglich der Lehre über die Kirche* noch einmal sehr deutlich vernehmen: »Pro-

---

[3] CHRISTOPHERSEN, *Sternstunden der Theologie*, S. 78.
[4] *Communio* Oktober 2000, S. 430, zitiert nach *Vatican-Magazin* 4/2016, S. 32.
[5] *Vatican-Magazin* 4/2016, S. 32.

testanten sind lediglich kirchliche Gemeinschaften«, da es bei ihnen keine apostolische Sukzession mit Verbindung zum Anfang gebe. Der Rücktritt Joseph Ratzingers vom Papstamt hat das Tor für neue Entwicklungen geöffnet. Sein Nachfolger Papst Franziskus geht im Jubiläumsjahr der Reformation 2017 auf die Protestanten zu. Schon im Oktober 2016 zum Beginn des Jubiläums feierte er mit Lutheranern in Schweden einen Gottesdienst. Im Februar 2017 empfing Franziskus in Rom Spitzenvertreter der evangelischen Kirche in Deutschland. Er bekräftigte die »unwiderrufliche Verpflichtung«, auf dem Weg zur Einheit voranzuschreiten, und lobte die ökumenischen Bestrebungen. »Dieses Gedenkjahr bietet uns die Gelegenheit, einen weiteren Schritt vorwärts zu tun, in dem wir nicht grollend auf die Vergangenheit schauen.« Allerdings sieht Franziskus weiterhin Schwierigkeiten: »Die weiter bestehenden Differenzen in Fragen des Glaubens und der Ethik bleiben Herausforderungen auf dem Weg zur sichtbaren Einheit.«[6] Ja, der Weg zur Ökumene ist noch immer weit.[7]

---

[6] Spiegel online, 6.2.2017: »Papst will Ökumene im Reformationsjahr vertiefen«.
[7] Joseph Ratzinger trat am 28.2.2013 völlig unerwartet von seinem Amt zurück.

2 Der gute Wille als Grundlage der Rechtfertigung

Wenn ein Reformator vor die Öffentlichkeit tritt, wird er den Anlass wohl kaum mit seinem eigenen Zustand rechtfertigen, sondern wird dies ohne jeden Skrupel mit den verdorbenen Zuständen seiner Zeit begründen. Im Unterschied zu anderen Reformatoren gebührt Martin Luther das Verdienst, den Christen gezeigt zu haben, dass die tieferen Fragen den persönlichen Glauben voraussetzen. In Luthers Gewissen hatte sich das Gottesverhältnis zu der Frage verdichtet: *Wie kriege ich einen gnädigen Gott?* Wir haben keinen Grund zu der Annahme, dass er mit diesem Satz die religiöse Grundfrage auf seine eigene Person begrenzen wollte; doch sollten wir prüfen, wie weit seine Frage über ihre persönliche Bedeutung hinaus auch von der Zeit gefordert war. In der Art, wie Luther sein Grundproblem formulierte, konnte nur gefragt werden in einer Zeit, die am Ich interessiert war und, wie es in der Renaissance der Fall war, an der persönlichen Leistung des Einzelnen. Auch unsere Zeit fragt nach dem Ich – die Existenzphilosophie bringt es zum Ausdruck; nur gibt es heute, in der Zeit der Bewusstseinsseelenentwicklung, ganz andere Aufgaben als vor einem halben Jahrtausend.

Um unseren Standpunkt weder auf der einen noch auf der anderen konfessionellen Seite, sondern im breiten Fundament des frühen Christentums zu verankern, gehen wir in das erste Jahrhundert zurück, wo wir auf eine Schrift stoßen, die als *Der Hirt des Hermas* so hoch angesehen war, dass man sie wie ein Evangelium behandelte. *Der Hirt des Hermas* ist als Gespräch zwischen dem Menschen und dem Hirten angelegt; der Hirt führt den Menschen vor zwei Engel, vor denen er sich verantworten muss:[8]

---

[8] In: *Texte der Kirchenväter* I, S. 254–255; *Hermas* erscheint in der dem Römer-

Zwei Engel sind beim Menschen, einer der Gerechtigkeit und einer der Schlechtigkeit. – Wie nun, unterbrach ich, wie, Herr, soll ich ihre Wirkungen erkennen, da doch beide Engel in mir wohnen? – Höre, erwiderte er, und lerne sie kennen! Der Engel der Gerechtigkeit ist zart, schamhaft, milde und ruhig; wenn dieser sich in deinem Herzen regt, spricht er sogleich mit dir über Gerechtigkeit, Keuschheit, Heiligkeit, Genügsamkeit, über jegliche gerechte Tat und über jede rühmliche Tugend. Wenn all dies in deinem Herzen sich regt, dann wisse, dass der Engel der Gerechtigkeit in dir ist, denn das sind die Werke des Engels der Gerechtigkeit [...] Betrachte nun auch die Werke des Engels der Schlechtigkeit: Er ist vor allem jähzornig, verbittert und unverständig, seine Werke sind böse und verführen die Diener Gottes [...] Du siehst, dass es gut ist, dem Engel der Gerechtigkeit zu folgen [...] damit du den Werken des Engels der Gerechtigkeit vertrauest und sie übest und so in Gott lebest. Doch die Werke des Engels der Schlechtigkeit – glaube mir – sind böse; darum tue sie nicht, und du wirst leben in Gott. (*Hirt des Hermas*, 6. Gebot 2,1–10)[9]

Der Name Hermas ist in den Gemeinden rings um das Ägäische Meer gut bekannt; der in Römer 16 genannte Hermas ist vermutlich identisch mit dem Autor des zitierten Werkes. Mag diese Vermutung zutreffen oder nicht: Im *Hirt des Hermas* ist es die Person eines Engels, die den Menschen zum Guten anleitet. Dagegen erscheint der gute Wille bei anderen Autoren der frühen Jahrhunderte als eine der Seele integrierte Tugend, wie bei den Apologeten des 2. Jahrhunderts Justin und Tatian, bei denen sich die Stimme des Gewissens zu jedem Entschluss meldet.

brief angefügten Grußliste an die Christen in Ephesus; vgl. SCHNEEMELCHER (Hrsg.), *Neutestamentliche Apokryphen in deutscher Übersetzung*.
[9] Klaus BERGER behauptet unrichtig, Origenes habe den *Hirt* abgelehnt; doch in Wahrheit zitiert Origenes den *Hirt* genauso selbstverständlich wie eine biblische Schrift. Von Ablehnung ist keine Rede. Das Neue Testament und frühchristliche Schriften, S. 815.

Aufschlussreich ist Justins Bemerkung: Wo der freie Wille gelte, müsse ein angesagtes Ereignis nicht wie ein Verhängnis eintreffen, sondern könne aufgehalten werden:

> Damit niemand aus unserer Bemerkung den Schluss ziehe, alles was geschehe sei vorausgewusst, wir behaupteten, es geschehe nach der Notwendigkeit eines Verhängnisses, so wollen wir diese Schwierigkeit lösen […] geschähe alles nach einem Verhängnis, so gäbe es gar keine Verantwortlichkeit. Denn wenn es vom Schicksal bestimmt ist, dass der eine gut und der andere schlecht ist, so ist der eine so wenig zu loben, wie der andere zu tadeln ist […] Wenn das Menschengeschlecht nicht die Möglichkeit hat, aus freier Wahl das Schändliche zu fliehen und sich für das Gute zu entscheiden, so ist es unschuldig an allem, was es tut. Dass es aber nach freier Wahl entweder richtig oder verkehrt handeln kann, dafür führen wir folgenden Beweis: Man sieht ein und denselben Menschen zur Gegenrichtung wechseln. Wäre es ihm nun vom Schicksal bestimmt, entweder schlecht oder gut zu sein, so wäre er niemals für das Gegenteil empfänglich und könnte sich nicht so leicht ändern.[10]

Mit schlichten Worten, aber in unbestechlicher Geisteshaltung wird im Urchristentum der freie Wille beschrieben: Solange der Mensch zwischen Gut und Böse unterscheiden kann, ist sein Wille frei. Ähnlich wie Justin denkt Origenes um das Jahr 300 in einer Exegese über den guten Willen:

> Unmöglich ist es, dass in einem Menschen, der schon das Alter erreicht hat, in dem er Gut und Böse unterscheiden kann, Gerechtigkeit und Ungerechtigkeit gleichzeitig wohnen. Verhält es sich so, dann […] kann die Seele nicht ohne eines von den beiden bestehen, und gewiss befindet sie sich schon im Guten, wenn sie sich vom Bösen abwendet […] Darum sagt der Apostel

---

[10] Sprachlich verändert nach: *Texte der Kirchenväter* III, S. 166.

[…] dass dies »dem Menschen zur Gerechtigkeit angerechnet« werde, auch wenn er noch keine guten Werke aufzuweisen hat, sondern einzig dafür, dass er dem Rechtfertigenden geglaubt hat. Denn der Anfang der Rechtfertigung durch Gott ist der Glaube an den Rechtfertigenden.[11]

Das klingt lutherisch, und wie würden die Sätze uns erfreuen, könnten wir auch die zugehörigen Gedanken aus Luthers Mund vernehmen, denn: »Der Anfang der Rechtfertigung durch den Glauben an Gott« ist lutherische Ursubstanz. Bis in die Formulierung einzelner Wörter gleichen sich Reformator und Kirchenvater, als hätten sie in der Schule nebeneinandergesessen, auch in der Fortsetzung des Zitates:

> Dieser Glaube, der da gerechtfertigt ist, wird gleichsam zur Wurzel, die nach Empfang des Regens der Rechtfertigung im Boden der Seele festhaftet, so dass, wenn sie durch das Gesetz Gottes gepflegt wird, aus ihr Triebe und Zweige hervorgehen, die die Früchte der Werke tragen. So entsteht nicht die Wurzel der Gerechtigkeit aus den Werken, vielmehr wachsen aus der Wurzel der Gerechtigkeit die Früchte der Werke.

Allerdings wird man bei Luther vergeblich ein so wohltuendes Bild wie das vom erquickenden »Regen der Rechtfertigung« suchen; auf Luthers Schlagboden geht es eher um die Treffsicherheit der Argumente, die den Gegner möglichst gleich beim ersten Hieb umwerfen sollen. Darum schauen wir besser auf ihre prophetische Kraft: Die Ideen des Origenes nehmen den Streit späterer Jahrhunderte voraus. Wohl wäre der Christenheit mancher Umweg erspart geblieben, wenn sie die Ideen des Origenes schon damals verinnerlicht hätte, aber hätte sie auch die Klärung erfahren, welche das Christentum in den nachfolgenden Jahrhunderten empfing?

---

[11] ORIGENES, *Kommentar zum Römerbrief*, zitiert nach BALTHASAR, *Geist und Feuer*, S. 69.

Origenes weiß, dass der freie Wille seit der Schöpfung unauflöslich mit der Menschenseele verbunden ist. So wie der Gläubige Gottes Namen verehren und heilig halten soll, nimmt Gott Rücksicht auf die Unverletzlichkeit jedes einzelnen Menschen:

> Und deshalb meinen wir, dass Gott, der Vater des Alls, zum Heil all seiner Geschöpfe nach [...] seiner Weisheit das Einzelne so angeordnet hat, dass einerseits all die einzelnen Vernunftwesen – mögen sie nun Geister oder Intelligenzen heißen – nicht gegen ihren freien Willen mit Gewalt zu etwas anderem gezwungen werden, als wozu ihr geistiger Trieb hindrängt, sonst könnte es scheinen, als würde ihnen dadurch die Freiheit des Willens genommen, was geradezu ein Eingriff in die Eigenart ihres Wesens wäre – und dass andererseits die verschiedenen Triebe ihres Wollens sich zur Harmonie einer einzigen Welt in [...] nutzbringender Weise zusammenfügen: Die einen brauchen Hilfe, die anderen können Hilfe geben; andere bringen die Fortschreitenden in Bedrängnisse, in denen ihr Eifer sich bewähren kann, so dass sie nach dem Sieg umso sicherer auf der wieder errungenen Stufe stehen, als sie diese durch Schwierigkeiten und Nöte hindurch erreicht haben.[12]

Hier zeichnet Origenes das Idealbild von Vernunftwesen, die über den freien Willen verfügen und in der Lage sind, mit anderen freien Vernunftwesen ein Gemeinwesen zu bilden. Vor allem wichtig ist der Schluss: Ein Hemmnis bedeutet kein Ende, es führt zu Stauung und bewirkt dadurch eine Verstärkung. – Und was sagt Augustinus dazu?

Augustinus schreibt um das Jahr 420 seine wichtigsten religiösen Erfahrungen in ein *Handbüchlein* (*Enchiridion*), das ein römischer Beamter bei ihm bestellt hatte. Wir greifen aus dieser Sammlung, die man als augustinische »Minimal-Summa« bezeichnen könnte, seine für die Rechtfertigung wichtigen Ideen heraus:

---

[12] ORIGENES, *Peri Archon* II 1,2.

Almosen sind kein besonderes frommes »Werk«, aber Glaube und Liebe werden in freien Gaben sichtbar;
Almosen sind der Ausgleich für die Sünden, die der Mensch unabsichtlich aus Schwäche oder Unkenntnis begeht;
Der Kampf gegen die Sünde ist vergeblich ohne göttlichen Beistand;
Der Gnade bedürfen wir schon für den Entschluss zur Buße.
Wer nicht an die Sündenvergebung der Kirche glaubt, versündigt sich wider den Heiligen Geist.[13]

Bis zu Augustinus galt die selbstverständliche Voraussetzung, der gute Wille stehe dem Menschen zur Verfügung, bis hin zur Frage seiner Erlösung. Im Vergleich mit Luther sehen wir darin den großen Entwicklungsschritt, den paradoxerweise das Urchristentum der späteren Zeit voraushat. Obwohl Luther den guten Willen gar für schädlich hielt, ist seine zentrale Frage nach dem gnädigen Gott undenkbar ohne den freien Willen. Wie soll religiöses Leben möglich sein ohne beiderseitiges Entgegenkommen?

---

[13] Augustinus, *Enchiridion*, zitiert nach *Augustin – Leben und Werk,*, hrsg. v. VON LOEWENICH, S. 117.

3 Blick ins Zeitgeschehen: Das Ende des Mittelalters

Mit Augustinus erreichen wir die Höhe des Mittelalters, als Kaiser und Reich auf der einen und Kurie und Papst auf der anderen Seite noch die Einheit bewahren. Bald wird der Papst durch seinen Primat alle Macht der Bischöfe und Kardinäle in seine Person einsaugen; das Abendland blieb ruhig, da einer über seine Sicherheit wachte:

> Es war, als ob das ewige Rom seinen gegenwärtigen Herren den Imperialismus der Cäsaren mitteilte, deren Nachfolger sie sich mit ganz anderer Berechtigung hätten nennen können als die deutschen Kaiser. Zwar war die Macht des Papstes eine rein geistige; aber gerade deshalb konnte keine Überlegenheit der Waffen sie vernichten. Weil das Abendland an ihn glaubte, konnte er seine Könige gegeneinander ausspielen und konnte er innerhalb der Kirche Kardinäle und Bischöfe, die ursprünglich seinesgleichen waren, seiner Herrschaft unterwerfen.[14]

Eine Zeitlang halten sich die geistigen und weltlichen Bestrebungen im Gleichgewicht, aber es gelingt nicht, die Idee des Reiches so lebendig zu erhalten, dass sie den großen Organismus vor Fäulnis bewahrt. Immer häufiger bleiben die Vertreter der Landstände – Ritter und Bauern – dem Reichstag fern. Die Bürger- und Handwerkerstände der Städte werden ohnehin nur dann zugezogen, wenn die Fürsten sie brauchen; »erst gegen Ende des Mittelalters erreichten sie die eigentliche Reichsstandschaft«[15]. Dank ihres wachsenden Reichtums streben die Reichsstände nach Selbstständigkeit, werden jedoch von der Zentralgewalt des Kaisers eingeschränkt, der wiederum durch den andauernden Kampf mit dem Papst gelähmt ist. Die Fürsten weigern

---

[14] HUCH, *Zeitalter der Glaubensspaltung*, S. 18.
[15] HUCH, *Zeitalter der Glaubensspaltung*, S. 16.

sich, weiterhin gemeinsame Anliegen mit dem Schwert zu verteidigen.»Anstatt dessen drohte ständig der Krieg aller gegen alle.«[16] Im 13. und 14. Jahrhundert stabilisiert sich das Reich vorübergehend unter so tüchtigen Regenten wie Rudolf von Habsburg (1218–1291) und Karl IV. (1316–1378), der als hochgebildeter Herrscher mit der Goldenen Bulle ein Gesetz vorlegen kann, das die Zuständigkeiten neu regelt: Fortan sind Wahl und Krönung der römisch-deutschen Könige ein Vorrecht der sieben Kurfürsten, zu denen die Erzbischöfe von Trier, Mainz und Köln, der Pfalzgraf bei Rhein, der Herzog von Sachsen, der König von Böhmen und der Markgraf von Brandenburg gehören. Auf dem Kurverein von Rhense[17] einigen sich 1338 die anwesenden sechs Kurfürsten darauf, dass die Wahl eines Königs keiner Bestätigung durch den Papst mehr bedarf; damit setzt das Reich ein klares Zeichen für seine erstarkte Unabhängigkeit von Rom.

Gewaltige politische Veränderungen kündigen das Ende des Mittelalters an: Das stabile Verhältnis des weltlichen Reiches unter dem Kaiser zu dem kirchlichen Reich des Papstes beginnt zu wanken. Zu den inneren Problemen gesellen sich Angriffe von außen. Im 13. Jahrhundert sind es die Mongolen, gegen deren von Russland hereindringende Scharen sich die deutschen Ritter unter Führung Herzog Heinrichs II. (des Frommen) stellen. Es kommt 1241 zu der berühmten Mongolenschlacht bei dem schlesischen Liegnitz, in der alle Ritter mit ihrem Herzog den Tod finden. Obwohl die Tataren gesiegt haben, ziehen sie sich zurück: Der Tod ihres Großkhans in Ostasien nötigt sie zur Umkehr, denn jedermann will an der Wahl des Nachfolgers teilnehmen.

Hundert Jahre nach der Mongolenschlacht drängt sich ein anderes Volk in das Blickfeld: Aus Zentralasien stürmen die Türken heran. Sie überqueren um 1350 die Dardanellen, besetzen Griechenland und erobern den halben Balkan. Der Herrschaftsbereich des Oströmischen Kaisers schrumpft auf Konstantinopel und einen schmalen Streifen der Küste Kleinasiens zusammen. Einige Jahrzehnte kann sich Kon-

[16] HUCH, *Zeitalter der Glaubensspaltung*, S. 19.
[17] Eigentlich Rhens, ein südlich von Koblenz am Rhein gelegener Ort.

stantinopel noch halten, dann geht die Stadt 1453 an die Türken verloren – nicht zuletzt durch die Uneinigkeit ihrer Verteidiger. Wer irgend kann, flieht nach dem Westen. Mit den Flüchtlingen gelangen ganze Bibliotheken über das Mittelmeer nach Italien, wo solche Schätze von den Gelehrten mit offenen Armen aufgenommen werden. Den größten Nutzen haben die Humanisten, die nun dem Schlachtruf besser folgen können: »Zurück zu den Quellen, ad fontes!«

Auch aus anderen Regionen dringen Völker über die Grenzen vor, um sich Teile des Reiches anzueignen. Der Papst muss sich gegen die Umklammerung von Ost und West wehren. Der Umfang des Reiches nimmt sichtlich ab: Im Osten dringen die Türken vor, im Süden geht halb Italien verloren, im Westen strebt Frankreich an den Rhein und macht die rheinischen Fürsten durch Bestechung von sich abhängig, zugleich zieht das aufstrebende Herzogtum Burgund die blühenden Niederlande an sich, im Norden behauptet sich die Hanse mit Mühe gegen Skandinavien. Unmöglich können die Verhältnisse so bleiben wie bisher. Viele Gläubige sehen eine Selbstschädigung der Kirche voraus: Erst hatte die Kirche ihre Gläubigen zu frommer Verehrung Gottes und der Heiligen erzogen, nun machen sich diese Frommen unabhängig von der Kirche, gründen eigene Gemeinden oder ziehen sich in ihre Einsiedelei zurück.

Die Mönchsklöster zeigen einen rapiden Verfall, die Askese wird nicht mehr ernstgenommen, das Leben ist freier geworden: »O Jahrhundert, o Wissenschaften! Es ist eine Lust zu leben!«, ruft Ulrich von Hutten im Bewusstsein der gewonnenen Freiheit. Aber die neue Freiheit hat ihre Schattenseiten; in den Klosterzellen hausen kinderreiche Familien, einige Frauenklöster werden zu Damenstiften verwandelt, andere verkommen zu offenen Häusern. Die ehrbaren Handwerker in den Städten empören sich über das Treiben in den Klöstern.

Es kam dazu, dass die Städte den Klöstern alle die kulturellen Aufgaben, die sie im frühen Mittelalter so großartig erfüllten, abgenommen hatten […] Arbeiteten die Klosterleute nicht, so beschimpfte man sie wegen Müßiganges, aber viel schlimmer war es, wenn sie arbeiteten; denn das betrachteten die Handwerker als Eingriff in ihre Zunftrechte [...] Es gab im 15. Jahrhundert kaum eine verachtetere und verhasstere Menschenklasse als die Klostergeistlichen.[18]

Bedrohlich war, wie rasch das Vertrauen in den Papst dahinschwand, das er das ganze Mittelalter hindurch genossen hatte. Der Opferwille im Kirchenvolk war nur noch gering. Den Gläubigen musste unter immer neuen Vorwänden – unter denen die Türkengefahr an erster Stelle stand – das Geld aus der Tasche gezogen werden. Die Päpste waren unverfroren genug, um mit den ehrlich gezahlten Spenden und Gebühren allerlei eigene Geschäfte, Geschenke und sogar Bestechungen zu finanzieren – der Bedarf an Geldmitteln war grenzenlos. Kein Wunder, dass das Kirchenvolk die päpstliche Finanzwirtschaft für verwerflich hielt. Alle hofften auf eine Neuordnung der Verhältnisse. Diesem Bedürfnis schien die Bewegung zur Bauernbefreiung zu entsprechen; sie wurde nicht etwa durch Luthers Schrift *Von der Freiheit eines Christenmenschen* von 1520 erst in Gang gesetzt, es gab sie schon seit langer Zeit, mindestens seit Anfang des 14. Jahrhunderts. Die Bauern litten unter dem Willkürregiment der Ritter; sie besaßen zwar eigenen Grund und Boden, fanden aber unter den äußerst harten Arbeitsbedingungen keine Zeit, ihren Acker zu versorgen – von dem sie doch ihre Abgaben leisten mussten!

---

[18] HUCH, *Zeitalter der Glaubensspaltung*, S. 22.

4 Luthers reformatorische Vorgänger

Betrachten wir Leben und Schicksal jener Menschen, welche sich mutig gegen die Untergangserscheinungen ihrer Zeit stellten, so waren sie einerseits herausgefordert von der Erkenntnis, dass die Verhältnisse ihrer Zeit das Leben unerträglich machten. Andererseits waren sie geleitet von der bestürzenden Einsicht, dass weder die weltlichen noch die geistlichen Verantwortungsträger das Ideal einer selbstlosen Führung anstrebten, sondern allzu offensichtlich auf den eigenen Vorteil bedacht waren. Wenn jedoch die misslichen Umstände im Lauf der Jahrhunderte unverändert blieben, so zeigte sich daran, dass die ungelösten Probleme tief verwurzelt waren.

Im Schicksal von JOHN WYCLIF (ca. 1330–1384) lebt vieles voraus, was sich in den folgenden Jahrhunderten bei anderen Reformatoren wiederholen sollte: Wyclif musste wie Luther gegen einen päpstlichen Ablassprediger auftreten (1371). Etwa 20 Stellen aus seinen öffentlichen Predigten und Schriften wurden als Abweichungen vom wahren Glauben erkannt. Als behauptet wurde, er hielte nichts von der Transsubstantiation, wurde er vor Papst Gregor XI. angeklagt und nach Rom vor ein Tribunal zitiert; er reiste aber nicht hin, weil er keine religiöse Notwendigkeit darin finden konnte. Wie Luther im Betrug der Konstantinischen Schenkung die Vorherrschaft des Papstes als Sündenfall der Kirche erkennen wird, so identifizierte Wyclif das heillose Schisma der Papstkirche mit dem Auftauchen des apokalyptischen Tieres (vgl. Apok. 13,1); in den 39 Jahren von 1378 bis 1417 regierten gleichzeitig mehrere Päpste.

Um sich besser verteidigen und Anklagen auf Basis der Heiligen Schrift zurückweisen zu können, veranlasste Wyclif die erste komplette Übersetzung von Altem und Neuem Testament ins Englische und sammelte dazu ältere Teilübersetzungen. Er selbst widmete sich mit Helfern der Übersetzung des Neuen Testaments, während sein

Freund Nicholas von Hereford das Alte Testament übernahm. Übersetzt wurde aus der Vulgata, für die es, anders als zu Luthers Zeit, noch keine verbindliche Textfassung gab. Das große Werk erschien in Teilen ab 1382 und wurde nach Wycliffs Tod einer Revision unterzogen. Die Wyclif-Bibel war zwar offiziell nicht zugelassen, aber sehr beliebt und kursierte in vielen Abschriften. Sie blieb bis zur berühmten King-James-Bibel des Jahres 1611 in England maßgeblich und förderte die Entwicklung der englischen Sprache ebenso wie 150 Jahre später Luthers Übersetzung die Entwicklung des Deutschen.

Der nach neuen Forschungen um 1372 geborene JOHANNES HUS war studierter Theologe und wirkte als Dekan der philosophischen Fakultät, 1409–10 auch als Rektor der Prager Universität, und predigte in einer Prager Kapelle in der Landessprache auf Tschechisch. Sein Wirken ist eng verbunden mit dem Werk von Wyclif, dessen Schriften seit 1385 in Prag bekannt waren. Als im Jahre 1403 insgesamt 49 anstößige Sätze Wyclifs verurteilt wurden, widersprach Hus diesem Fehlurteil. Die nationale Strömung erstarkte mit Hus an der Spitze, die Deutschen verließen Prag. Hus predigte gegen das Reliquienwesen und trat für eine Reform der Kirche ein. Im Juli 1410 wurde Hus von seinem Erzbischof mit dem Bann belegt, die Predigt verboten. Hus appellierte an den Papst, aber als Johannes XXIII. die Stadt Prag mit dem Interdikt belegte und der König sich mit dem Erzbischof aussöhnte, musste Hus nachgeben. Als der Papst einen Ablass erließ, um den Kampf gegen den König von Neapel zu finanzieren, predigte Hus gegen den Ablass, da dieser den anderen Gnadenmitteln der Kirche widerspräche.

In einer Schrift zählt Hus sechs Irrtümer auf, die der Besserung bedürfen: der Glaube an die *Beata virgo*, an den Papst, an die Heiligen, an die Wirksamkeit der Sündenvergebung der Priester und an den unbedingten Gehorsam gegen die Kirche; vor allem prangert er die Simonie an, die Käuflichkeit kirchlicher Ämter. Als es auf einer Synode in Prag nicht gelingt, sich zu einigen, und die Unruhen 1413 immer peinlicher werden, rät ihm König Sigismund, nach Konstanz zum Konzil zu gehen. Unter königlichem Schutz zieht Hus am 3. November 1414 mit freiem Geleit in Konstanz ein, von drei Edelleuten

Jan Hus (1370–1415), Holzschnitt aus dem Jahr 1415.
© akg-images

begleitet. Der am Konzil teilnehmende Papst Johannes XXIII. sichert ihm Unverletzlichkeit zu und setzt vorübergehend sogar den Bann aus. Aber unter dem Vorwand einer harmlosen Konferenz wird Hus am 28. November in Untersuchungshaft genommen; König Sigismund lässt sich nach anfänglichem Protest einschüchtern, und als der Papst sich aus Konstanz zurückzieht, wird Hus dem Bischof von Konstanz übergeben. Auf einer Konzilssitzung im Mai 1415 werden 260 Sätze Wyclifs verurteilt – zugleich wird Hus verurteilt. Er wehrt sich mit dem Argument, es seien nicht seine Sätze, beruft sich auf sein Gewissen. Am 6. Juli 1415 wird ihm sein Verbrennungsurteil verkündet. Entgegen der Zusicherung freien Geleits wird er in der Kirche »entpriestert«, das heißt, ihm wird an Daumen und Zeigefinger, mit denen er bei der Messe die Hostie berührt hatte, die Haut abgezogen. Kein Verstoß gegen irgendeinen Glaubensartikel wird ihm nachgewiesen; auch nach damaligem Recht ist seine Verbrennung ein Justizmord.

Für eine Reform innerhalb der Kirche hätte vor allen anderen Kirchenmännern an erster Stelle der NIKOLAUS VON KUES (1401–1464) mit seiner umfassenden Bildung wirken können. Er, der vermutlich bei den Brüdern vom Gemeinsamen Leben im niederländischen Deventer aufgewachsen war und in Padua neben Mathematik und anderen Fächern auch Jura studiert hatte, um am Basler Konzil (1431–1449) teilzunehmen, wurde 1448 zum Kardinal erhoben und 1450 Bischof von Brixen und Tirol. Aus der allgemeinen Geschichte wäre uns Nikolaus von Kues nur als Kämpfer für seine Bischofsrechte bekannt, die ihm der Herzog Siegmund von Tirol abstreiten wollte, wenn wir nicht durch Rudolf Steiner wüssten, dass seine wahren Leistungen im Denken und im Forschen lagen. Ricarda Huch erklärt den jahrelang schwelenden Zwist zwischen Herzog Siegmund und dem Bischof von Brixen damit, dass Nikolaus den Zerfall des alten, durch Kaiser und Papst garantierten Reiches aufzuhalten versucht habe:

> An zwei Punkten setzte er seine Kraft ein: Reformierung der heruntergekommenen Geistlichkeit, damit der Klerus wieder zu Ansehen und Glaube im Volke komme, und Zurückwerfen der weltlichen Regierungen und ihrer Begier nach den weltlichen

Besitzungen und Rechten der geistlichen Fürsten. Sicherlich wusste er, dass die weltlichen Regierungen, fürstliche und städtische, bereits tief in die geistliche Festung eingedrungen waren; vielleicht gerade darum stand er mit einer so düsteren Entschlossenheit, einer so tragischen Starrheit auf seinem verlorenen Posten.[19]

Nikolaus' Tragik beruht auf der Diskrepanz zwischen dem nur in Gedanken möglichen Verweilen in der Harmonie des Mittelalters und der unbarmherzig voranstürmenden Entwicklung, die jeden wachen Zeitgenossen aus dem schützenden Hag mit fortriss.

Nur wenig später wirkte HANS BÖHM aus Helmstadt, der »Pauker« oder »Pfeifer aus Niklashausen«, als schlichter Heilsprophet. Er rief zum Umsturz der bestehenden Ordnung und weckte große Hoffnung:

> Tausende von hoffenden Menschen scharten sich im Jahre 1476 um den jungen Pfeifer von Niklashausen im Taubergrund, der ihnen eine paradiesische Republik vormalte, wo alle Menschen durch die Aufteilung der geistlichen Güter gleich und glücklich sein würden, nachdem man die Pfaffen totgeschlagen hätte.[20]

Der junge Prophet hatte sich die heilbringende Revolution zu einfach vorgestellt. Er wurde inhaftiert, als Ketzer verurteilt und am 19. Juli 1476 verbrannt.

Sechzig Jahre später erlitt der im Südtiroler Pustertal heimische JAKOB HUTTER das gleiche Schicksal; er wollte als Wiedertäufer ein neues Gemeindeleben gründen, wurde aber 1536 in Innsbruck zum Feuertod verurteilt. In Nordamerika und Kanada erhielten sich jedoch bis heute einige Gemeinden der Hutterischen Brüder (oder Hutterer).

---

[19] HUCH, *Zeitalter der Glaubensspaltung*, S. 38.
[20] HUCH, *Zeitalter der Glaubensspaltung*, S. 25.

5 Luthers Werdegang und seine Reise nach Rom

Weltliche wie auch kirchliche Vorgänge, vielleicht auch persönlich-karmische Ursachen lassen Luthers Auftreten als in der Entwicklung begründetes Fatum erscheinen: Sein Handeln erfolgt zwar in persönlicher Entscheidung, ist aber zugleich von der einseitigen kirchlichen Entwicklung gefordert. An vorderer Stelle steht die Frage, wie Luther in die Lage kam, in der Rechtfertigung das zentrale Thema seines Lebens zu sehen. Eine vorläufige Antwort erhalten wir aus seinem eigenen Leben und Werden.

Der junge Luther durchläuft eine rasche Entwicklung: Schulbesuch ab 1488 in Mansfeld, Magdeburg und Eisenach, entsprechend dem Berufsort des Vaters, der sich durch Fleiß vom Bergmann zum Kleinunternehmer heraufgearbeitet und Anteile an acht Schächten und drei Mansfelder Hütten erworben hatte.

Mit dem Studium in Erfurt beginnt er im April 1501; nach des Vaters Willen soll er Jurist werden. In kurzer Zeit absolviert er sein Studium und erlangt damit »das Recht zum Dozieren in den Fächern der ›sieben freien Künste‹ sowie zum Weiterstudium in einer der höheren Fakultäten […] Zu den frühest möglichen Terminen ist er Baccalaureus (1502) und Magister Artium (7. Januar 1505), dieses als Zweiter von siebzehn Bewerbern.«[21]

Aus dem weiteren Entwicklungsgang heben sich zwei besondere Ereignisse heraus: Auf dem Rückweg von einem Besuch bei den Eltern überrascht ihn kurz vor Erfurt ein Gewitter, dicht neben ihm schlägt ein Blitz ein, zu Boden stürzend ruft er in Todesangst: »Hilf, heilige Anna, ich will ein Mönch werden!« In seinem Lebensrückblick von 1545 entschuldigt er sich für das Erlebnis: »Von Erschrecken und Angst des Todes eilends umwallt, gelobt ich ein gezwungen und ge-

---

[21] ALAND, *Reformation Martin Luthers*, S. 30.

drungen Gelübde.«[22] Das klingt so, als habe er nur halbherzig die Entscheidung zum Mönchsein getroffen; dahinter steht die Erwartung des Vaters, der seinen Sohn als Berater in juristischen Belangen erhofft hatte und darum den Blitzschlag nicht als Bekehrungserlebnis anerkennt, sondern ihn als Trugbild abtut. Blicken wir jedoch aus unserem zeitlichen Abstand auf den Blitzschlag als ein sinnlich-übersinnliches Ereignis, so fällt ein Licht auf Luthers Kindheit und Jugend: Die heilige Anna, historisch gesehen die Mutter der Maria, war die Schutzheilige der Bergleute und des Wasserbaus. Dass der frisch gebackene Jurist in höchster Not die Schutzheilige des väterlichen Berufes anruft, lässt erkennen, dass im Elternhaus die Anrufung von Heiligen dem Kind zur unbewussten Gewohnheit geworden war.

Der Blitzschlag ereignete sich am 2. Juli 1505 bei Stotternheim vor Erfurt; 14 Tage später klopft Luther ans Klostertor der Erfurter Augustiner-Eremiten.

Das andere außerordentliche Ereignis ist seine Priesterweihe 1507, die mit der Zulassung zum Theologiestudium verbunden ist – der Höhepunkt seines Mönchslebens. Für Luther ist die Weihe ein übersinnliches Erlebnis von besonderer Art:

> Hier stand er zum ersten Mal als die heilige Handlung vollziehender Priester der Majestät Gottes gegenüber, ein tiefer, ihn völlig verwirrender Schrecken hatte ihn dabei überfallen […] jetzt wollte er die sich ihm bietende Möglichkeit, mit Gott ins Reine zu kommen, in vollem Umfang wahrnehmen.[23]

Bevor er das nächste Ziel erreicht, verstellt ein retardierendes Element den Weg. Sein Vater war mit einer Reihe von städtischen Honoratioren aus Mansfeld zur Priesterweihe des Sohnes nach Erfurt angereist. Als die Gäste beim Festschmaus sitzen, hält Martin dies für den rechten Zeitpunkt, dem Vater den Blitzschlag als sein Berufungserlebnis zu erklären. Doch der Vater meint in Gegenwart all der hohen Gäste

---

[22] RITTER, *Luther*, S. 21.
[23] ALAND, *Reformatoren*, S. 19.

verächtlich, damals sei ihm wohl ein Gespenst erschienen. Der Blitzschlag und die Kritik des Vaters werden Luthers Gedankenleben noch auf lange Zeit beschäftigen.

In den nächsten Klosterjahren entwickelt Luther seinen eigenen und viel ernsteren Predigtstil als den seiner Kollegen. Er predigt »von dem Dienst der lieben Heiligen, dass man sich auf ihr Verdienst sollte verlassen […] Sankt Anna war mein Abgott und Sankt Thomas mein Apostel«,[24] und lebt in ständiger Furcht vor den Drohworten der Heiligen Schrift. Gleich im ersten Jahr nach seiner Priesterweihe wird Luther vorübergehend als Dozent an die artistische Fakultät nach Wittenberg verpflichtet; die erst 1502 von Friedrich dem Weisen gegründete Universität steckt zu der Zeit noch in den Kinderschuhen und muss in der akademischen Landschaft erst bekannt werden.

1509 wird Luther, nachdem er den Titel eines »Baccalaureus sententiarius« erworben hat, an die Universität Erfurt zurückberufen, um seine Lehrtätigkeit als Magister Artium fortzusetzen; als solcher ist er anerkannter Gelehrter und hat das Recht, Disputationen zu veranstalten.

Aus den täglichen Pflichten, die Luther wie jeder andere Mönch auszuüben hatte – etwa die Sauberhaltung des Refektoriums und aller anderen Gemeinschaftsräume –, wird Luther im Jahr 1510 (nach jüngeren Forschungen erst im Spätsommer 1511) herausgerufen zu einer heiklen Mission: Es ging um den Anschluss der reformierten Augustiner-Ordensklöster an die Klöster der strengen Observanz; eine Allianz, die unter anderen auch Luthers Beichtvater Johann von Staupitz als Generalvikar der sächsischen Augustinerklöster anstrebte. Zum Verhandeln der strittigen Punkte bei der Kurie wurde ein Nürnberger Ordensbruder delegiert, den Luther nach Rom begleiten sollte. Im November 1510 (entsprechend üblicher Datierung) treten die beiden Augustiner ihre Reise an.

Luther erzählte später, wie er beim Anblick der heiligen Stadt spontan niederkniete und ausrief: »Sei mir gegrüßt, heiliges Rom!« – In Rom gehen Luther die Augen für die Probleme der Kirche auf. Die

---

[24] *Doctor Martin Luther's Hauspostille*, S. 166.

Lucas Cranach d. Ä., Titelblatt zu Luthers Streitschrift »Wider das Bapstum zu Rom vom Teuffel gestifft«, 1545. © akg-images

veräußerlichte Art, vor allem das rasche Tempo, in dem die italienischen »Messpfaffen, diese groben ungelehrten Esel« die Messe absolvieren, stoßen ihn ab. Die Pilger, unter ihnen viele Mönche, eilen während der Messe in dem großen Gotteshaus (damals war die Lateran-Basilika die Papstkirche) von Altar zu Altar, um durch Teilnahme an jeder Messe viele Ablässe zu erhaschen; denn es zählt, wenn man nur die Wandlung erlebt oder die Einsetzungsworte hört. Als Luther auf seine gründliche Weise die Messe liest, ruft ihm der Mönch vom Nachbaraltar zu: »basta!« – er solle endlich aufhören. Eine weitere Enttäuschung bereitet Luther die heiligste Reliquie der Christenheit, die in einer eigenen Kapelle der Lateranbasilika verehrt und nur in der Karwoche vorgezeigt wird: das Schweißtuch der heiligen Veronika.[25] Als Luther das Tuch sieht, erblickt er nicht das Antlitz des Erlösers, wie man ihm gesagt hatte, sondern nur »en klaret lîn«, wie er sich später erinnern wird; denn je nach Beleuchtung erscheint das farbige Bild auf dem zarten Schleier von Muschelseide so klar, dass es als Christusantlitz deutlich zu erkennen ist oder bei ungünstiger Beleuchtung verschwommen bleibt. Die beiden Delegierten bewältigen im April 1511 den Rückweg über die Alpen.

Am 19. Oktober 1512 wird der frisch promovierte Luther zum Professor der Theologie in Wittenberg berufen; im August 1513 tritt er sein Lehramt mit einer Vorlesung über die Psalmen an. Seine Lehrtätigkeit zeichnet sich durch besondere Gründlichkeit aus; so lässt er für die Psalmen-Vorlesung Texte mit weitem Zeilenabstand drucken, damit die Studenten genügend Platz für ihre Nachschriften finden. Weitere Vorlesungsthemen sind die Paulusbriefe an die Römer, an die Galater und an die Hebräer.

---

[25] Das kostbare Tuch dient seit 500 Jahren als Altarbild der Klosterkirche von Manoppello (Abruzzen); Näheres über dieses Muschelseidentuch bei BADDE, *Das göttliche Gesicht.*

6 Zweifel an Luthers Lehre

Bevor wir die Entwicklung Luthers weiterverfolgen, haben wir zwei selbstständige Denker zu berücksichtigen, die Zweifel an der alleinigen Heilswirksamkeit des Glaubens hegten. Im Jahr 1900 schrieb der protestantische Prediger FRIEDRICH RITTELMEYER[26] in sein bisher unveröffentlichtes Tagebuch:

> Möglichst viele gute Werke zu tun hat einen hervorragenden moralischen Wert [...] weil *jede* Tat unendlich weiterwirkt. Es wird heute zu viel geredet von der Gesinnung, die gut sein soll; aber es darf dieser Gesinnung [...] nicht an dem Bewusstsein fehlen, dass die Welt schließlich vorwärts kommt durch die Summe der Taten, die geschehen.[27]

Rittelmeyer war in jenen Jahren, in denen er selbst – gut dreißig Jahre alt – als protestantischer Prediger ein aktives Bekenntnis zu Luthers Lehre lebte, weit entfernt von billiger Kritik an dem großen Reformator. Vielmehr sah er in Luther sein Vorbild, zumal auch sein Glaube weniger im Verstand als im Willen wurzelte. Auch er erwartete von den Gläubigen gute Werke, die aus dem Glauben und nicht aus dem egoistischen Wunsch nach dem eigenen Seelenheil hervorgehen sollten. Welche Luther-Verehrung er für wichtig erachtete, verrät eine andere Stelle des erwähnten Tagebuchs:

> Lutherisch ist nicht, dass man alle Anschauungen Luthers teilt, und nicht, dass man die Erlebnisse Luthers macht; lutherisch ist nur, dass man es so ernst mit seinem Gewissen nimmt wie er.

---

[26] Rittelmeyer (1872–1938) war ab 1922 Priester in der Christengemeinschaft.
[27] *Tagebuch 1903* (unveröffentlicht); Archiv der Christengemeinschaft, Berlin.

Schon vor mehr als hundert Jahren erkannte Friedrich Rittelmeyer die Illusion, die in der Annahme liegt, jeder evangelische Christ würde dasselbe Erlebnis haben wie Luther im Turmzimmer von Wittenberg[28] und ebenso wie er nur durch das Nadelöhr der härtesten Selbstprüfung zu seinem Glauben finden. Diese Worte charakterisieren fünfhundert Jahre nach der Reformation den wichtigsten Beweggrund in Luthers Wirken: Entscheidungen nur aus dem tiefen Grund des Gewissens zu treffen. Viel zu selbstständig war Rittelmeyers Denken und zu echt sein Glauben, als dass er sich durch Allgemeinplätze hätte hinhalten lassen. Im Hinblick auf sein Verhältnis zu Luther beherzigte er den Standpunkt, den er auch sonst vertrat: Einen anderen Menschen verstehen heiße, sich in seine Lage zu versetzen.

Eine andere Sicht als Rittelmeyer gewann sein Freund Michael Bauer[29], der Biograf Christian Morgensterns, der als wichtigsten Punkt des Problems folgende Erkenntnis in seinem ebenfalls unveröffentlichten Tagebuch festhielt:

Ist der Mensch gut?
Flöchte der Christus, um den Tempel des Christentums zu reinigen, heute seine Geißel, würde er sie vor allem gegen jene schwingen, die dem Menschen weismachen wollen, er müsste nichts anderes tun als warten, bis Gott ihn gut macht. – Keine Lehre kann verderblicher sein als diese, denn sie lähmt just das im Menschen, wo Gott in ihn eintritt, seinen guten Willen.

Diese Worte verurteilen jene passive Glaubenshaltung, die heute von erschreckend vielen protestantischen Theologen vertreten wird: Ein Christ brauche im Vertrauen auf Gottes Gnade und im Glauben an das Mittlertum Jesu Christi nur abzuwarten, dann werde ihm die Rechtfertigung ohne sein Mittun geschenkt. Er brauche nur zu warten! Diese Haltung verkennt den Schaden, den untätiges Warten an-

---

[28] Vgl. dazu ausführlich Kapitel 12.
[29] Auch das Tagebuch von Michael BAUER (1871–1929) befindet sich im Archiv der Christengemeinschaft in Berlin.

richtet. Wird die Mitwirkung des guten Willens missachtet, so stößt das ehrlich suchende Menschen vom Glauben ab. Wer von den wichtigen Entscheidungen seines Lebens ausgeschlossen wird, fühlt sich nicht ernst genommen: Im Willen kann sich der Mensch mit anderen Gläubigen vereinen; liegt der Willensbereich brach, so verkümmert das Ich.

Für uns Menschen des 21. Jahrhunderts überwiegt die innere Stimme des guten Willens alles passive Abwarten. Es ist außergewöhnlich, dass Luther ähnliche Ansichten äußert und Entschlüsse erwartet, wie wir Heutigen sie haben. Luther weiß wie wir, dass Unnachgiebigkeit gefordert ist, wenn ein sogenannter Christ in öffentlicher Rede eine falsche Lehre vertritt. Wer etwa die Behauptung aufstellt, Christus sei nichts weiter als irgendein anderer Mensch gewesen, der muss öffentlich angeklagt werden:

> Zum anderen […] wenn jemand lehren sollte, dass Christus nicht Gott ist, sondern schlichter Mensch […] jene soll man desgleichen nicht leiden, sondern soll sie als öffentliche Lästerer strafen. Denn sie sind nicht schlicht nur Ketzer, sondern öffentliche Lästerer […] Hiermit wird niemand zum Glauben gedrungen, denn er kann dennoch glauben, was er will; allein das Lehren und Lästern wird ihm verboten […] Er gehe dahin, wo keine Christen sind […] wie ich mehrfach gesagt habe: Wer bei Bürgern sich nähern will, der soll das Stadtrecht halten […] oder soll sich trollen.[30]

Für sich selbst mag jeder glauben, was er will; doch wer öffentlich sprechen will, soll den wahren Glauben vertreten, sonst ist er ein Ketzer. Das gilt auch heute: Wer sich protestantischen Theologen nähert, wird bald auf sogenannte »Glaubenszeugen« treffen, die in Jesus nichts weiter als »den schlichten Mann aus Nazareth« sehen,[31] womit sie aber ihre Unfähigkeit zum Verkündigen der Gottheit Christi erweisen.

---

[30] Gekürzt zitiert nach *Luther-Lesebuch*, S. 67.
[31] WEINEL, *Jesus im 19. Jahrhundert*, S. 6–7: »Jesus von Nazareth ist es, zu dem

Rittelmeyer, der seinen Glauben als Tat sah und seinen Wert an der aufgewendeten Kraft maß, stimmte darin mit dem Glauben Luthers überein, wie dessen Worte bezeugen:

> Ihr versteht von der Lehre zu reden, die euch von dem Glauben und von der Liebe gepredigt worden ist. Und das ist kein Wunder. Kann doch beinah ein Esel die Lesung singen [...] Daher, liebe Freunde: Das Reich Gottes, das wir sind, besteht nicht in Reden oder Worten, sondern in der Tätigkeit, das ist in der Tat, in den Werken und in der Ausübung. Gott will nicht Zuhörer oder Nachredner haben, sondern Nachfolger, die das im Glauben durch die Liebe ausüben.[32]

Luther liegt nichts an lässig in der Ecke sitzenden Nachrednern, er wünscht sich tätige Nachfolger. Doch in welche Richtung soll ihr Weg gehen?

die Männer unserer Zeit wieder kommen mit Fragen nach seinen Antworten auf ihre Sorgen. Lang, lang war *dieser schlichte und tapfere Mann* in der strahlenden Glorie des Himmelskönigs verborgen.«

[32] M. LUTHER, *Werke*, WA 10,3; zitiert nach *Luther-Lesebuch*, S. 54.

7   Die Bergpredigt

Luther war so stark an seine Aufgabe hingegeben, dass seinem tätigen Geist keine Zeit zu autobiografischen Reflexionen blieb. Wie gern erführen wir, auf welchem Weg er zu seiner Lehre fand! Erst ein Jahr vor seinem Tod kam er dazu, den großen Umschwung in seinem Leben zu beschreiben. Der äußere Anlass zu seinem autobiografischen Bekenntnis war die Veröffentlichung seiner lateinischen Werke. Die Freunde drängten ihn, die wichtigsten Stationen zu beschreiben, auf denen er seine Lehre gefunden habe. Ausgehend von seinem Verhältnis zu Gott, holt er ein wenig weiter aus:

> Ich aber, so untadelig ich auch als Mönch lebte, so sehr ich mich vor Gott auch als Sünder mit dem unruhigsten Gewissen fühlte, konnte den gerechten, die Sünder strafenden Gott nicht lieben, im Gegenteil, ich hasste ihn sogar [...] wenn ich mich auch nicht in Lästerung gegen Gott empörte, so murrte ich doch heimlich gewaltig gegen ihn: Als ob es noch nicht genug wäre, dass die elenden und durch die Ursünde auf ewig verlorenen Sünder durch das Gesetz der Zehn Gebote mit jeder Art von Unheil beladen sind – musste denn Gott auch noch durch das Evangelium Pein auf Pein häufen und uns auch durch das Evangelium seine Gerechtigkeit und seinen Zorn androhen? So wütete ich mit wildem und verwirrtem Gewissen, jedoch klopfte ich rücksichtslos bei Paulus an dieser Stelle an; ich dürstete glühend zu wissen, was Paulus wolle.[33]

Man geht kaum fehl, wenn man unter dem Evangelium, das »auch noch [...] Pein auf Pein« in Luthers Seele häufte, die Bergpredigt ver-

---

[33] Gekürzt aus WA 54; zitiert nach *Luther-Lesebuch*, S. 131.

steht, insbesondere jenen Abschnitt, in dem Jesus seine eigene Lehre mit den mosaischen Geboten vergleicht (Mat 5,17–5,48). Luthers Aufbegehren gegen Gott klingt wie das Ergebnis eines lebenslang vergeblichen Ringens, auf das er am Ende zurückblickt. Doch seine Worte wären als Generalbilanz ungeeignet. Als Magister der Rechtsgelehrsamkeit konnte Luther in den Jahren um 1517 noch leicht die Heilige Schrift im juristischen Sinne missverstehen; im Lauf der Zeit lernte er die Bergpredigt besser verstehen. Mit den oben zitierten Zeilen, die er erst ein Jahr vor seinem Tod niederschrieb, wollte er keinesfalls jener inneren Ratlosigkeit nachgeben, die ihn kurz vor dem Thesenanschlag des 31. Oktober 1517 befallen hatte. Jedes Herausfordern seiner Verantwortung – und wie stark wurde sein Gewissen in der Ablassfrage gefordert! – versetzte sein Inneres in mächtige Turbulenz. Dass er schließlich über die juristische Auslegung hinausgelangte, bezeugen die Wochenpredigten, die er 1530 über die Bergpredigt hielt. Dazu öffnet uns ein Blick in das Werden des Reformators den Zugang zu seinem kurzen autobiografischen Bericht von 1545, in dem Luther den Seelenzwang beschreibt, unter dem er damals stand – sein Gewissen verurteilte den Ablasshandel, den er doch als Vertreter der Kirche unterstützen sollte!

Wie kam Luther zu seinem eklatanten Missverständnis? Im Hintergrund seines Schriftverständnisses stand die von den Nominalisten gelehrte Furcht vor dem übergewaltig schrecklichen Gott und seinem an Willkür grenzenden autoritären Willen.

Im wohlkomponierten Text der Bergpredigt unterscheidet Jesus seine neue Lehre von den Geboten des Moses so, dass er jeweils zuerst das Gebot zitiert und dann fünfmal seine eigene Ergänzung anschließt, mit dem stereotyp wiederkehrenden Satz: »Ihr habt gehört, dass zu den Alten gesagt ist [...] ich aber sage euch [...].« Wie dieses Wort in Wahrheit zu verstehen ist, hat unter anderen Johannes Lenz im Anschluss an Franz Alt[34] in seiner Auslegung der Bergpredigt gezeigt: Jesu Ausführungen ersetzen nicht die alten Vorschriften, aber ergänzen sie. Wie könnte Jesus sonst so entschieden betonen, er sei

---

[34] LENZ, *Salz der Erde*, S. 65–66; ALT, *Frieden ist möglich*; ALT, *Liebe ist möglich*.

nicht gekommen, das Gesetz aufzulösen, sondern zu erfüllen?« Anscheinend widerspricht Jesus sich selbst, wenn er einerseits betont, er bringe den Jüngern ein neues Gebot: »Ein neues Gebot gebe ich euch, dass ihr euch untereinander liebt« (Joh 13,34), und andererseits behauptet, er wolle das alte Gesetz nicht umstoßen: »Ich bin nicht gekommen, das Gesetz aufzulösen, sondern zu erfüllen« (Mat 5,17). Luthers Missverständnis der Bergpredigt ging mit seiner juristischen Auslegung der Rechtfertigungslehre Hand in Hand. Man kommt nicht umhin, eine versteckte Aversion Luthers gegen Jesus anzunehmen, wenn er den Römerbrief über das Evangelium stellt. Es handelt sich letztlich um eine Flucht: Luther rettet sich in die forensische Vorstellung einer rechtlichen Vorschrift Jesu für die Gläubigen. Die Nichterfüllung der Vorschriften Jesu führe zum Glauben an die außermenschliche Gnade Gottes. Hätte Jesus mit seinem fünffachen »Ich aber sage euch […]« neue Gebote einführen wollen, so hätte er gesagt: »Ich aber sage euch: Zürnt nicht, schimpft nicht, verleumdet nicht […].« Doch so redet er nicht, droht auch nicht mit höheren Strafen, sondern stellt nur die Folgen nicht geleisteter Reue und Umkehr in Aussicht: Zornausbrüche ziehen ein Verhör vor dem Ortsgericht nach sich, Schimpfworte ein Verhör vor dem Hohen Rat des Volkes, und auf böswillige Verleumdungen folgt der Aufenthalt in der Gehenna, der jüdischen Hölle. Wobei es wie im Märchen zugeht: Es erfüllen sich alle Wünsche, jeder kommt dorthin, wohin er sich »gewünscht« hat. Jesus stellt kein neues Gesetz auf, sondern zeigt den Weg der Verinnerlichung, auf dem der Christ die Gebote erfüllen kann.

Noch heute herrscht bei vielen Theologen die Meinung, die Ergänzungen Jesu seien eine Radikalisierung der Gebote. In Wahrheit erweitert Jesus ihren Geltungsbereich; sie betreffen nicht die ausgeführte Tat, sondern gelten schon für die im Innern gehegte Absicht, ob es sich um Diebstahl, Totschlag oder Ehebruch handelt. Darauf kommt ein Seelsorger zuletzt, dass Jesus mit seiner Erweiterung eine Hilfe zur Selbsterziehung gibt: Ist Zorn die Keimzelle für Totschlag und Mord, dann ist Reue die Keimzelle für Umkehr und Erfüllung. In seinen späteren Predigten von 1530 – einer echten seelsorgerlichen Botschaft – nennt Luther verschiedene Beispiele: Zorn, der den Nächsten trifft, Schimpfworte, die das Niveau des Schimpfenden zeigen, sowie Verleumdungen, die zur Gehenna hinweisen; wer einen anderen verleumdet, hat sich für den tiefsten Ort im jüdischen Weltbild entschieden. Ähnlich wie Franz Alt folgert auch Johannes Lenz:

> Wer einem anderen die geistige Existenz abspricht, ja wer die Weltanschauung lebt, der Mensch sei zwischen Geburt und Tod ausschließlich Erdenbürger […] der spricht dann nicht nur menschenverachtend vom »Nichtsnutz« oder vom »Toren«, sondern handelt auch so. Ausrottung »unwerten Lebens«, Euthanasie, Tötung sind nur das Ende eines Weges, an dessen Anfang der Mensch in der Art seines Denkens und in seiner Art, Mensch und Welt anzuschauen, steht.[35]

Wenn Jesus verlangt, das Gesetz solle nicht aufgehoben, sondern erfüllt werden, so erfolgt diese Erfüllung anders, als die Juden meinen. Mit Verboten zu drohen, liegt dem Herrn fern. Er führt die Jünger den anderen Weg, der die Negation meidet, als wollte er sagen: Jeder kann auf Zorn und Selbstjustiz verzichten, denn wer seinen Nächsten schätzt, wird ihn nicht beschimpfen, und wer seine Eigenart achtet, ihn nicht verleumden oder schlagen, sondern anerkennend über ihn reden.

---

[35] LENZ, *Salz der Erde*, S. 65–66.

8 Der Ablass – seine Entstehung und seine Wirkung

Die frühe Kirche wusste nichts vom Ablass als einer Sonderabgabe der Gläubigen. Seine Entstehung verdankt der Ablass als Buße und zur Verkürzung der Pein im Fegefeuer in gewissem Sinn den vielen Todesfällen der Kreuzzüge. Er kam in Gebrauch, nachdem Bonifaz VIII. zum ersten Mal einen Ablass für das Jubeljahr 1300 ausrief; ein Jubeljahr sollte es Bonifaz entsprechend nur alle hundert Jahre geben. Für die Teilnahme an einem Kreuzzug oder für die Reisekosten eines Ersatzmanns, wenn man an der Teilnahme verhindert war, gab es einen vollständigen Erlass der kirchlichen Bußstrafen. »Als dann die Kreuzzüge endgültig gescheitert sind, will die Kurie die Möglichkeit zur Erlangung so umfangreicher Gelder nicht [...] aus der Hand geben.«[36] So wurde der Abstand der Jubeljahre auf 50, bald auf 33 Jahre verkürzt, nicht gezählt die Sonderablässe, die ein Papst bei Bedarf ausrufen durfte.

Dem Selbstbewusstsein der Renaissancepäpste entsprach das Vorhaben, die schon länger als tausend Jahre im Gebrauch stehende Basilika über dem Petrusgrab zu erneuern. Es sollte ein Kuppelbau werden, an dessen Planung weltberühmte Maler, Bildhauer und Architekten wie Bramante und Michelangelo beteiligt wurden. Aufgrund der Größe des Bauwerks benötigten die päpstlichen Bauherren ein riesiges Heer von Arbeitern und enorme Finanzmittel. Als im Jahr 1506 der Grundstein für die neue Peterskirche gelegt war, bestätigte der Papst den Bauwillen der Kurie, indem er einen Sonderablass für den Neubau ausrief. Das gesamtkirchliche Vorhaben verstrickte jeden Amtsträger immer tiefer in ökonomische Belange, gleich, ob er den Ablass bejahte oder ablehnte.

Als im Jahre 1514 innerhalb weniger Jahre der dritte Erzbischof von Mainz starb, schrak das Domkapitel vor den hohen Kosten des

---

[36] ALAND, *Reformation Martin Luthers*, S. 52.

Palliums und der übrigen Ausstattung für den neuen Amtsträger zurück. Es traf sich, dass im Jahre 1513 der Markgraf Albrecht von Brandenburg im jugendlichen Alter von 23 Jahren zum Erzbischof von Magdeburg und Administrator von Halberstadt, 1514 dann zusätzlich zum Erzbischof von Mainz gewählt wurde. Zwar besaß der Fürst noch nicht das vorgeschriebene Alter (30 Jahre) und mehr als einen Bischofssitz innezuhaben verbot das Kirchenrecht. Aber eine Delegation und die Zahlung einer nicht gerade niedrigen Ablösungssumme erwirkten, dass der Papst der Ämterhäufung zustimmte, die von der Kurie missbilligt wurde.[37] Außerdem machte Albrecht den Vorschlag, im Falle seiner Wahl das Pallium selbst zu bezahlen. Die benötigte Summe konnte er sich von den Fuggern leihen, welche aus den Einnahmen der Ablassprediger schnell wieder zu ihrem Geld gelangten.

Der Ablass gewährte den Reden der Ablassprediger zufolge die Erlösung aus dem Fegefeuer, sein finanzieller Gewinn diente dem Neubau des Petersdomes. Dabei bewirkte die Sammlung von Hartgeld – hauptsächlich Silbermünzen – einen ungewollten, aber beträchtlichen Abfluss von Metall aus den nördlichen Ländern nach Rom. Einige Fürsten verstanden es aber, sich Anteile aus den Ablassgeldern zu sichern. Da die Landesherren an chronischem Geldmangel litten, kam ihnen der Ablass höchst gelegen, sie benötigten stets neue Quellen. Nun zogen die Ablassprediger mit ihren Werbesprüchen durchs Land: »Wenn das Geld im Kasten klingt, Seele in den Himmel springt.« Vor den staunenden Augen der Leute, die sich um die Ablassprediger drängten, verzapften die scholastisch geschulten Dominikaner den Leuten allen Ernstes eine seltsame Rechnung: Nicht erst beim Aufschlag der Münze auf dem Boden, sondern bereits beim Passieren des engen Einwurfs oben am Kasten springe die Seele aus dem Fegefeuer.

Luther hatte schon früh erkannt, dass der Ablasshandel nicht zu vereinen war mit dem Glauben, den er im Kloster als tragende Kraft erfahren hatte. Doch da über den Ablass noch kein Dogma verbind-

---

[37] ALAND, *Reformation Martin Luthers*, S. 54.

lich festgelegt war und auch kein Konzil dazu Näheres befunden hatte, stand die Diskussion darüber jedem akademischen Lehrer frei.

Professor Luther konnte also kritische Fragen zum Ablass aufwerfen – und er konnte auch zu einer akademischen Disputation einladen, indem er seine lateinischen Thesen öffentlich durch Anschlag an das »schwarze Brett der Universität«, das Portal der Schlosskirche von Wittenberg, bekannt gab.[38]

---

[38] In dieser Kirche waren genau 17 443 Teilchen Gebeine oder andere Reliquien von Heiligen ausgestellt, sorgfältig in Reihen geordnet, der Lieblingsbesitz des frommen Kurfürsten. Wer durch alle Reihen hindurchgehend oft zum Gebet niederkniete und eine Spende gab für den Bau der Peterskirche, erwarb bei jedem Besuch 127 799 Jahre und 116 Tage Erlass vom Fegefeuer, wie Spalatin, der Ratgeber des Kurfürsten, noch 1518 freudig berechnete.

9 Der kirchliche Ablass und Luthers 95 Thesen

Noch an jenem 31. Oktober hatte Luther einen Vorstoß unternommen: Als unbekannter, erst vor wenigen Jahren zum Professor berufener Mönch schrieb er ausführliche Briefe an Vorgesetzte und Bischöfe, darunter Erzbischof Albrecht von Mainz, Bischof Hieronymus von Brandenburg sowie weitere Bischöfe, und forderte sie auf, diesem »gefährlichen Irrtum« so schnell wie möglich ein Ende zu machen. Der Ablasshandel des Dominikaners Tetzel und anderer Prediger beschädige das Ansehen der Kirche.

Nachdem Luther sein Plakat mit den 95 Thesen am 31. Oktober 1517 an der Tür der Wittenberger Schlosskirche angebracht hatte, verharrte das Land vierzehn Tage in Ruhe, niemand reagierte auf den Thesenanschlag, obwohl Luther Abdrucke seines Plakatblattes (»schedula«) an einige bekannte Theologen geschickt hatte; das angekündigte Streitgespräch kam nicht zustande. Daraufhin gab Luther die Thesen einem Bekannten, der sie kurze Zeit später ohne sein Wissen veröffentlichte. Kaum war der lateinische Text erschienen, brach der Sturm los. Einige Empfänger reagierten entsetzt, die meisten jedoch hocherfreut, dass endlich ein Mann der Kirche gegen den Missbrauch des christlichen Glaubens aufbegehrte. Aus Nürnberg sandte Albrecht Dürer zum Dank eine Serie seiner Kupferstiche nach Wittenberg. Vermutlich noch im Jahr 1517 übersetzte ein Nürnberger Patrizier die Thesen ins Deutsche. Doch im Land verbreitet wurden sie erst durch Luthers *Sermon von Ablass und Gnade* im Jahre 1518.

Heute bezweifelt man die Geschichtlichkeit des Thesenanschlags, das Datum sei schlecht bezeugt. Tatsache ist, dass der Tag erst nach Luthers Tod in einem Rückblick des damals unbekannten Melanchthon erwähnt wird. Aber warum sollte Luther nicht an demselben Tag Briefe an seine bischöflichen Vorgesetzten ausgefertigt und die

95 Thesen am Portal der Schlosskirche – dem Schwarzen Brett der Universität – für jedermann lesbar angebracht haben, sodass er sicher sein konnte, jeder Kollege würde den Aufruf sehen, wenn er am nächsten Tage, dem Allerheiligenfest, zur Messe käme?

In seinem Brief an Albrecht von Mainz forderte Luther den Erzbischof zum sofortigen Abstellen dieses Missbrauchs auf – der etwas naiven Vorstellung folgend, der Bischof sei nicht darüber informiert, was im Lande vor sich ging. Albrecht, der Erzbischof von Mainz, gab keine Antwort – aus einem Grund, den Luther beim Thesenanschlag noch nicht durchschaute: Zum Ausgleich für die Besoldung der Ablassprediger erhielt der Fürstbischof die Hälfte aller Einnahmen,[39] die er verwendete, um das von den Fuggern für seine Wahl geliehene Geld zurückzuzahlen.

Alle 95 Thesen betreffen den Ablass oder den Handel mit Ablassbriefen. Wenn der Gläubige seinem Pfarrherrn zuhause die erworbenen Ablassbriefe zeigte, konnte er beweisen, damit gute Werke vollbracht zu haben. Luther wollte die Gläubigen vor dem Irrtum bewahren, der Kauf von Ablassbriefen habe Einfluss auf die Seligkeit, denn auch dem Erlass kirchlicher Strafen müssten Reue und Beichte vorausgehen. Deutlich verwahrt sich Luther gegen den Irrtum des Seelenfreikaufs, wenn er in These 43 schreibt:

Man soll die Christen lehren, dass es besser sei, den Armen etwas zu schenken und den Bedürftigen zu leihen, als Ablässe zu kaufen.

Bisweilen spricht Luther als treues Glied der Kirche; einmal macht er sich zu ihrem Fürsprecher, im Glauben, Papst und Kardinäle wüssten nichts vom Ablasshandel:

---

[39] Der in großem Querformat 70 Zeilen umfassende Brief an den Erzbischof ist übrigens gut erhalten und heute im Reichsarchiv von Stockholm zu besichtigen; er trägt das Datum des 31. Oktober 1517. Vgl. ALAND, *Reformation Martin Luthers*, S. 58.

»Luther schlägt die 95 Thesen an«
Illustration aus: »Dr. Martin Luther der deutsche Reformator«,
in bildlichen Darstellungen von Gustav König, Gotha, 1850er Jahre.
© akg-images / Historisches Auge

> Man soll die Christen lehren: wenn der Papst wüsste, wie die Ablassprediger das Geld erpressen, würde er die Peterskirche lieber zu Asche verbrennen, als sie mit Haut, Fleisch und Knochen seiner Schafe aufzubauen. (These 50)

Als Luther die Thesen schreibt, weiß er tatsächlich nicht, wie tief seine Vorgesetzten und selbst der Papst in den Handel verstrickt sind; erst später wird er die Absprache durchschauen, die Ablassprediger und Kurie miteinander getroffen haben. Aber einige Praktiken verraten zu offenkundig den kirchlichen Egoismus, sodass Luther sich dagegen abgrenzen muss, wie in These 79, die das römische Kreuz betrifft:

> Wenn die Ablassprediger das Kreuz mit dem Wappen des Papstes aufrichten und behaupten, es sei ebenso kostbar und kräftig wie das Kreuz Christi, so lästern sie.

Es erregte Aufsehen, wenn der weiß gekleidete Ablassprediger sich einem Ort näherte: Die Ortsgeistlichen und viele Leute gaben ihm das Geleit, wenn er das große Kreuz mit dem Papstwappen aufrichtete, das jeder Ablassdiener mit sich führte und dort aufstellte, wo er zu predigen gedachte, neben der Fahne mit dem Wappen des Papstes.

10 Das Verhör vor Kardinal Cajetan und der Vermittler von Miltitz

Luther konnte seine ursprüngliche Absicht, eine Disputation mit Fachgelehrten über den Ablass zu halten, nicht in die Tat umsetzen, denn vergebens wartete er auf eine Rückmeldung der Adressaten. Scheinbar lief seine Ablasskritik ins Leere. Der am meisten betroffene Erzbischof Albrecht von Mainz teilte seinen Räten am 13. Dezember 1517 mit, er habe Luthers Thesen an den Papst gesandt; nun sei es Aufgabe der Räte, den Ketzer vor das Tribunal in Rom zu bringen, um ihm unter Androhung von Strafe alles weitere Schreiben oder Reden gegen den Ablass zu untersagen. Doch die Räte blieben untätig. Umso mehr reagierte als Nächstbetroffener der Ablassprediger und Dominikaner Johann Tetzel. Auf der Hauptversammlung der sächsischen Dominikaner disputierte Tetzel im Januar 1518 über 95 Thesen gegen Luther, die der Rektor der Universität von Frankfurt/Oder, Konrad Wimpina, aufgestellt hatte. Als Papst Leo X. versuchte, bei Kurfürst Friedrich dem Weisen von Sachsen die Auslieferung Luthers an die Juristen in Rom zu erreichen, hatte dieser bereits vorgesorgt: Friedrich gewährte Luther freies Geleit, begrenzte es aber absichtlich auf das Gebiet seines Fürstentums.

Der Papst hatte bei dem päpstlichen Hoftheologen Sylvester Prierias ein Gutachten zur Luthersache angefordert, das die Basis für alle weiteren Gespräche bilden sollte. Dieser *Dialogus* gerät im Ton viel zu scharf, wird zu spät fertig und gelangt erst gleichzeitig mit der Vorladung nach Rom in Luthers Hände. Da die Gefahr bestand, dass der »Ketzer« unterwegs abgefangen würde, wie es hundert Jahre zuvor Johann Hus beim Konstanzer Konzil ergangen war, erbittet Luther von Kurfürst Friedrich einen Geleitbrief für den Weg bis Augsburg. Der Kurfürst sagt ihm vollen Schutz zu.

Als Papst Leo X. Anfang Februar 1518 die Anzeige des Erzbischofs von Magdeburg in die Hände bekommt, beginnt er zu ahnen, dass hinter dem Aufbegehren des Augustiner-Mönches mehr steckt als die übliche Rivalität der Mönchsorden. Er empfiehlt dem Generalprior der Augustiner-Eremiten Gabriel della Volta, er solle »den Menschen besänftigen und die Flamme beizeiten ersticken«. Doch bei den Augustinern hat sich die Stimmung gewandelt: ihr Ordenskapitel in Heidelberg im Mai 1518 »gestaltete sich zu einer Demonstration für Luther«.[40]

Für die Einleitung des Ketzerprozesses sind die Dominikaner in Rom zuständig. Während des Generalkapitels der Äbte im April und Mai 1518 wird der Dominikaner-Generalsubkommissar Tetzel zum Doktor der Theologie promoviert und beim selben Treffen Luther als Ketzer angeklagt. Vor Beginn des eigentlichen Ketzerprozesses soll Luther jedoch verhört werden. Kardinal Cajetan fordert unter anderem, Luther solle die 58. These widerrufen, in der er entgegen der offiziellen Lehre der Kirche behauptet, die in Christi Gnade und in den Verdiensten der Heiligen bestehenden Schätze der Kirche seien sterblich und nach dem Tod ihrer Träger nicht verfügbar; allein wegen dieser ketzerischen Aussage müsse er in Rom verhört werden, falls er nicht alsbald widerrufe. Doch Luther weiß, dass ihn ein Widerruf in Rom das Leben kosten kann.

Kurfürst Friedrich erreicht, dass das Verhör in Augsburg stattfinden kann, wo seit dem Juli Kardinal Cajetan als Legat des Papstes auf dem Reichstag weilt, um die deutschen Stände zur Finanzierung des Türkenkrieges zu gewinnen. Als sich Luther auf den Weg von Nord- nach Süddeutschland macht, kann er nur frohlocken, denn die Bevölkerung begleitet seinen Weg mit offenem Wohlwollen; der ständigen Abgaben zur Finanzierung des Türkenkrieges war derzeit wohl jeder Deutsche längst überdrüssig.

Der Kurfürst hatte Luther einige Edelleute als Begleitung mitgegeben, die verhindern sollten, dass sich der Mönch noch vor Eintreffen des kaiserlichen Schutzbriefs zum Kardinal begab. Als der kaiserliche Geleitbrief drei Tage nach ihrer Ankunft in Augsburg tatsächlich eintrifft, meldet sich Luther noch am selben Tag bei Kardinal Cajetan,

---

[40] Zitate nach: *Handbuch der Kirchengeschichte* IV, S. 55 (Erwin Iserloh).

dem ehemaligen Dominikanergeneral, um mit ihm das Prozedere des Verhörs zu besprechen. Es wird verabredet, das Verhör vom 12. bis 14. Oktober 1518 nicht als Verhör, sondern als ein »kollegiales Gespräch« zu führen.

Luthers schärfste Auseinandersetzung mit Cajetan betrifft die Frage, was er unter dem wahren Schatz der Kirche verstehe:

> 56. **These:** Die Schätze der Kirchen, aus denen der Papst den Ablass gewährt, sind dem Volk Gottes weder genügend benannt noch bekannt.
> 57. **These:** Denn dass es gewiss keine zeitlichen Schätze sind, ist daher offenbar, dass viele Prediger diese nicht so leicht austeilen, sondern aufsammeln.
> 58. **These:** Diese Schätze sind auch nicht die Verdienste Christi und der Heiligen, denn diese bewirken ständig ohne Zutun des Papstes Gnade für den inneren sowie Kreuz, Tod und Hölle für den äußeren Menschen.

Einen heftigen Hieb verabreicht Luther der Kirche mit den Thesen 62 und 63. Denn offiziell besagte die Lehre der Kirche, Christus und die Heiligen hätten für ihre Gläubigen ausreichend Genugtuung geleistet, dies sei der wahre Schatz der Kirche:

> 62. **These:** Der wahre Schatz der Kirche ist das allerheiligste Evangelium von der Herrlichkeit und der Gnade Christi.
> 63. **These:** Dieser ist aber natürlich sehr verhasst, weil er aus den Ersten die Letzten macht (Mat 19,30; 20,16 und Mar 9,34).

Der Kardinal ist allein daran interessiert, die kirchliche Disziplin durchzusetzen. Für ihn beruht der Schatz der Kirche auf dem Ablass, den der Papst verwaltet. Luther dagegen versteht unter dem Schatz der Kirche die ihr von Christus verliehene Schlüsselgewalt, also eine geistige Entscheidungsgewalt zum Lossprechen von Sünden.

Ein weiterer Punkt des Verhörs betrifft die Buße: Luther fordert als Vorbedingung für den Empfang der Absolution von beiden Seiten, dem Beichtiger und dem Beichtenden, den Glauben, von Gott völlige Sündenvergebung erlangt zu haben. Cajetan lehnt »den auf den Empfänger zurückgebogenen Glauben, das heißt die Gewissheit der erhaltenen Sündenvergebung, als konstitutives Element für die Rechtfertigung ab«.[41] Er hält Luthers Forderung der vollen Glaubensgewissheit »für unerhört und von großer Tragweite, denn sie bedeute für ihn, eine neue Kirche zu errichten«.[42] Die Antwort verrät jedem Historiker, dass Luther zu diesem Zeitpunkt die Rechtfertigungserfahrung des Turmerlebnisses (siehe Kapitel 12) bereits hinter sich hat, bei dem er den gleichsam magisch wirkenden Glauben an die Rechtfertigung erlebt hatte. Dem Kardinal ist es lästig, mit dem kleinen Mönch so viel Zeit zu vertun, er hält Luthers radikale Glaubensforderung für ketzerisch, weshalb dieser sich unbedingt in Rom verantworten müsse.

Als Cajetan weiterhin auf der Forderung beharrt, Luther müsse in Rom verhört werden, schaltet sich Kurfürst Friedrich der Weise persönlich ein: Er selbst habe der Vereinbarung gemäß gehandelt und Luther unter sicherem Geleit nach Augsburg bringen lassen. Doch der Kardinal habe sich nicht an die Verabredung gehalten und statt des freundlichen ein scharfes Verhör durchgeführt, um Luther »den Widerspruch abzuängstigen«; Luther könne weder ausgewiesen noch ausgeliefert werden, da niemand ihn eines Irrtums überführt habe, wie er selbst nicht überzeugt worden sei, »dass Martinus' Lehre unfromm, unchristlich und häretisch« sei.[43]

Da der Kurfürst dem Kardinal nicht traut, lässt er Luther im Schutze der Nacht durch eine kleine Seitenpforte aus der Stadt entkommen und nach Wittenberg reisen. War Luther bei seiner Ankunft in Augsburg deutlich angeschlagen, so wirkt er nach dem Verhör erstaunlich frisch. Er erwägt nun ernstlich, nach Frankreich auszuwandern, wo ihn Paris als Zufluchtsort für die Gelehrten besonders lockt. Während Kurfürst Friedrich diesem Vorhaben zustimmt, rät Georg Spalatin, der geheime Rat des Kurfürsten, dringend davon ab.

---

[41] *Handbuch der Kirchengeschichte* IV, S. 58.
[42] *Handbuch der Kirchengeschichte* IV, S. 58.
[43] STRACKE, *Luthers Selbstzeugnis*, S. 66–67.

»Allegorie auf Luthers Thesenanschlag und seinen Kampf gegen den Ablasshandel« Anonymer Holzschnitt 1617. © akg-images

Der Papst wiederum hoffte, Kurfürst Friedrich würde ihm Luther ausliefern, und wollte ihm dafür die päpstliche Goldene Rose schenken, die ausgewählten Personen für besondere Verdienste um die Kirche verliehen wurde. Überreichen sollte sie in einer feierlichen Zeremonie zu Beginn des neuen Jahres (1519) der junge Edelmann Karl von Miltitz. Doch als von Miltitz zu diesem Zweck nach Augsburg kommt, um bei dieser Gelegenheit auch Cajetan zu treffen, sind Kurfürst und Cajetan schon abgereist. Miltitz erhält den Rat, in Altenburg um eine Audienz beim Kurfürsten zu ersuchen. Doch der Kurfürst durchschaut die Absicht, die in der Rose steckt, und lässt nach einem halben Jahr die Rose wie nebenbei durch einen Boten abholen.

Wichtig ist dem Kurfürsten dagegen, dass Luther den römischen Gesandten trifft, und so lässt er seinen Schützling nach Altenburg kommen. Das Ergebnis des zweitägigen Treffens von Luther und Miltitz im Januar 1519 ist das beiderseitige Versprechen, weder »über die Materie weiterhin zu reden, zu schreiben oder ›zu handeln‹«; Miltitz werde den Papst ersuchen, durch einen gelehrten Bischof die strittigen Sätze auszusuchen, auf die Luther zum Widerruf verpflichtet werden könne. Trotz dieser Verabredung veröffentlicht Luther seine Gegenthesen.

Nachdem alles Wichtige abgesprochen ist, kommt die Audienz für Karl von Miltitz vor Kardinal Cajetan doch noch zustande. Sie hätte für den jungen Edelmann ungünstig ausfallen können, wenn nicht wenige Tage zuvor, am 12. Januar, der Kaiser gestorben und die Frage des Nachfolgers für die Kurie prekär geworden wäre. Der Tod Kaiser Maximilians am 12. Januar 1519 wirft einen Schatten über das ganze folgende Jahr. Da zu diesem Zeitpunkt weder der jugendliche Karl I. von Aragonien noch der Franzose Franz I. in Frage kommen, rückt der bei den deutschen Fürsten beliebte und hoch angesehene Kurfürst von Sachsen in den Blick.[44] Noch weiß der Papst nicht, dass am

---

[44] Friedrich befragte vor der Kaiserwahl den Rat Feilitzsch, und dieser antwortete: »Die Raben brauchen einen Geier« – Friedrich besäße zwar Weisheit, aber nicht genug Kraft für das Amt des Kaisers. Nach HUCH, *Zeitalter der Glaubensspaltung*, S. 160.

Abend vor der Wahl Friedrich den Verzicht erklären und seine Bewerbung zurückziehen wird, noch hat er ein offenes Ohr für jede Kunde aus Kursachsen. Gespannt folgt er den Ausführungen des Edelmanns, der ihm über das Augsburger Verhör berichtet: Der Kardinal habe zu einseitig die Partei Tetzels ergriffen, weshalb Luther ihm heftig widersprochen habe; doch inzwischen scheine dieser zum Widerruf bereit. Daraufhin erlässt der Papst ein Breve an Luther: der geliebte Sohn möge nach Rom kommen und hier den Widerruf leisten, den er in Augsburg aus begreiflichen Gründen verweigerte; für die Reisekosten werde man in Rom aufkommen.[45] Das Breve wird Luther auf dem Dienstweg zugestellt, das heißt über die Kanzlei Friedrichs des Weisen, und dieser behält es kurzerhand ein; zu gut ist ihm Luthers Martyriums-Sehnsucht bekannt.

Die Kaiserwahl wird im Juni desselben Jahres entschieden. Karl I. von Spanien wird als Karl V. am 28. Juni 1519 zum Kaiser gewählt. Wenige Tage nach der Wahl verfügt Karl V. in seiner Wahlkapitulation, dass kein Mensch geächtet werden dürfe, bevor er verhört worden sei. Die Kurie wird durch die Wahl aller weiteren Rücksicht auf den Kurfürsten entbunden.

---

[45] ALAND, *Reformation Martin Luthers*, S. 71.

11 Die Leipziger Disputation und Tetzels Tod

Lange Zeit war Johann Tetzel als Ablassprediger erfolgreich gewesen, er konnte über mangelnden Zuspruch nicht klagen. Das Volk war ihm und seinen Helfern in Scharen zugeströmt, auch über Landesgrenzen hinweg, denn in Kursachsen war den Ablasspredigern der Auftritt nicht erlaubt. Doch das änderte sich bald, als die Prediger unter Verdacht gerieten, ihre Privatkasse mit Ablassgeld aufgefüllt zu haben. War schon das übliche Geldsammeln verpönt, so der den Marktschreiern nachgesagte Missbrauch noch mehr. In einigen Gegenden waren sie auf den Straßen ihres Lebens nicht mehr sicher, Bauern machten Jagd auf sie. In der Nähe des Kaiserdoms von Königslutter bei Braunschweig steht der »Hinrichtungsstein« Tetzels, wo wütende Bauern ihn erschlagen haben sollen. Beruht dies auch auf Fantasie, so zeugt die Sage doch von der Unbeliebtheit der Ablassprediger.

Als im März 1518 ein Bote aus Halle achthundert Flugblätter mit Tetzels Thesen im kursächsischen Wittenberg verteilen will, laden die Studenten zur feierlichen »Verbrennung und dem Leichenbegängnis der Tetzelschen Thesen« ein, ohne Luther in Kenntnis zu setzen. Luther missbilligt den Vorgang, denn er ahnt, dass man ihn der Anstiftung beschuldigen wird.[46] Zuletzt schlägt sich Tetzel nach Leipzig zum Stammkloster des Dominikanerordens durch, wo ihn Karl von Miltitz aufsucht, um ihn wegen seines ungeschickten Auftretens als Ablassprediger abzukanzeln.

Als Luther von dem Besuch des Freiherrn von Miltitz bei dem kranken Johann Tetzel erfährt, schreibt er Tetzel einen Trostbrief, er solle sich nicht niederwerfen lassen, andere hätten die Sache eingerührt, die er nun auslöffeln müsse. Nicht viel später vollendet sich

---

[46] Vgl. seinen Brief an Joh. Lange vom 21. März 1518, zitiert nach *Luther Deutsch* Bd. 10, S. 39.

das Schicksal Tetzels: Er stirbt am 11. August 1519 im Dominikanerkloster nahe der Pleißenburg, bald nach der Disputation im selben Leipzig.

Gewöhnlich stellt man sich Luthers Thesenanschlag von 1517 wie die Kriegserklärung eines Aufrührers vor, der sich mit seiner Truppe bereithält, um die rückständigen Gläubigen zu unterwerfen. Kirchlicherseits wurde mit Zufriedenheit registriert, dass Luthers Einladung ohne Echo verhallt war. Doch obwohl Luther sich mit den 95 Thesen nicht nur an Theologen, sondern vor allem an Bischöfe und Prälaten wendet, ist er zunächst weit entfernt davon, die Struktur der Kirche in Frage zu stellen. Ganz im Gegenteil: Er fließt vor Mitleid mit dem Papst und den Bischöfen, die seiner Ansicht nach unter dem Auftreten der Ablassprediger leiden müssen, geradezu über. Im Kontrast zu der Schärfe, die er gegen die Befürworter des Ablasses gebraucht, wirkt seine Rücksicht gegenüber dem Papst ausgesprochen mild.

Nicht lange nach dem Augsburger Verhör im Oktober 1518 pfeift ihm unversehens ein scharfer Wind aus anderer Richtung entgegen, als der Ingolstädter Professor Johann Eck seine *Obelisci* veröffentlicht. Darin heißt es, Luther habe

- gegen die Ehre des Bußsakraments verstoßen,
- Tumult und Schisma verursacht, als er den päpstlichen Ablass bekämpfte,
- gegen die Machtbefugnisse des Papstes aufbegehrt und
- den seit jeher gültigen Primat des römischen Bischofs in Frage gestellt.

Am gefährlichsten erschien unter den Anklagepunkten, dass Luther, der zuvor bei jeder Gelegenheit – schriftlich oder mündlich – den Primat des Papstes betont hatte, nun plötzlich diesen Vorrang in Frage stellt. Luther beantwortet die *Obelisken* des Dr. Eck, trotz des Stillhalteabkommens mit Miltitz, im selben Stil (jeder These von Eck stellt er eine Gegenthese gegenüber) mit einer Schrift, die er *Asterici* (Sternchen) nennt: Seine Argumente sollen offenbar als im Himmel verankerte Leitsätze gelten.

Auch Luthers Wittenberger Kollege, der Reformator Andreas von Bodenstein, genannt Karlstadt, bezog mit zwölf eigenen Thesen gegen die *Obelisci* Stellung. Diese nahm Johannes Eck zum Anlass, Karlstadt zu einer Disputation einzuladen. Im Vorgespräch verabredeten beide dazu die Tage vom 27. Juni bis 16. Juli 1519 und als Ort die Leipziger Pleißenburg. Luther hatte sich durch gründliche kirchengeschichtliche Studien auf das Gespräch vorbereitet und kündigte seine Teilnahme an der Disputation an. Nachdem Dr. Eck und Karlstadt den ersten Gang ihrer Disputation ausgefochten haben, greift Luther ein und verlangt von Eck gleich am ersten Tag, er solle beweisen, dass Konzile unfehlbar seien und nicht irren könnten. Eck erwidert: Wenn Luther behaupte, ein rechtmäßig einberufenes Konzil könne irren, dann komme er ihm »wie ein Heide oder ein Zöllner« vor: »und was ein Ketzer ist, brauche ich hier nicht auszuführen.«[47] Die geschickte Wendung dieses Satzes dürfte manchen Zuhörer auf Ecks Seite gezogen haben.

---

[47] ALAND, *Reformation Martin Luthers*, S. 76.

12 Die Reformation war später – das Wittenberger Turmerlebnis in Luthers eigener Sicht

Man kann heute noch nachempfinden, wie heftig die Erschütterungen gewesen sein mussten, die Luther als Mönch durchgemacht hat, als er mit seinem Gott ins Reine kommen wollte und Tag und Nacht die Bibel nach einer sicheren Auskunft über die Rechtfertigung und die Folgen des moralischen Verhaltens durchsuchte. Sein Beichtvater Johann Staupitz erzählt, wie Luther ihn als Mönch mehrmals täglich, bisweilen stündlich aufsuchte, da ihm wieder eine noch nicht gebeichtete Sünde einfiel, bis dem Seelsorger der Sündeneifer zu viel wurde und er Luther wegschickte: er dürfe erst wiederkommen, wenn er eine schlimme Sünde mitbringen könne, einen Totschlag oder Ähnliches.

Luther durchforscht weiter die Bibel, bis er im ersten Kapitel des Römerbriefs auf jene Stelle stößt, die das Thema für den Brief und zugleich das Generalthema für die gesamte Verkündigung des Apostels in Briefen und Reden gibt:

> Ich schäme mich des Evangeliums nicht, denn es ist eine Gotteskraft zum Heil für jeden Gläubigen, vornehmlich für die Juden, aber auch für die Griechen, da Gottes Gerechtigkeit sich in ihnen offenbart aus Glauben zum Glauben, wie geschrieben steht: der Gerechte wird aus Glauben leben (Rö 1,16 und 17).

Das Stichwort von der »Gerechtigkeit aus dem Glauben« spornt Luther an, in der Bibel weiter nach Spuren der Gerechtigkeit zu forschen. Er kehrt zum Römerbrief zurück, der deutlich alles persönliche Verdienen der Gnade abweist, wie etwa im 3. Kapitel, wo Paulus die Erlösung »ein Geschenk« nennt, das »ohne Verdienst gewährt« wird:

Da ist kein Unterschied: Alle, die früher Sünder waren und nichts vorweisen konnten, was Gott gefallen konnte, erhalten die Rechtfertigung als ohne Verdienst gewährtes Geschenk durch die Erlösung in Jesus Christus, den Gott zur Schau gestellt hat als Gnadenstuhl durch seinen im Glauben erduldeten blutigen Tod [...] So kommen wir zu dem Schluss, dass der Mensch unabhängig von Werken des Gesetzes durch Glauben gerechtfertigt wird (Rö 3,23 ff).

In dieser Zeit wohl widerfuhr Luther das »Turmerlebnis«, das seiner Kritik an der Kirche die nötige Standfestigkeit verschaffen wird. Luthers Studierzimmer befand sich im Turm des Wittenberger Schwarzen Klosters; dieses Turmzimmer also gab seiner in einsamen Nächten errungenen inneren Wende den Namen. In einer Tischrede[48] schildert Luther sein »Turmerlebnis« so:

Die Worte »gerecht« und »Gerechtigkeit Gottes« wirkten auf mein Gewissen wie ein Blitz; hörte ich sie, so entsetzte ich mich: Ist Gott gerecht, so muss er strafen. Aber als ich einmal in diesem Turme und Gemache über die Worte (Röm 1,17): »Der Gerechte wird seines Glaubens leben« und »Gerechtigkeit Gottes« nachsann, dachte ich alsbald: Wenn wir als Gerechte aus dem Glauben leben sollen und wenn die Gerechtigkeit Gottes jedem, der glaubt, zum Heil gereichen soll, so wird sie nicht unser Verdienst, sondern die Barmherzigkeit Gottes sein. So wurde mein Geist aufgerichtet. Denn die Gerechtigkeit Gottes besteht darin, dass wir durch Christus gerechtfertigt und erlöst werden. Nun wandelten sich mir jene Worte in liebliche Worte. In diesem Turm hat mir der Heilige Geist die Schrift geoffenbart.

Versuchen wir heute, uns Luthers Erlebnis zu vergegenwärtigen, so können wir von seinem Zeugnis ausgehen und von dem biblischen

---

[48] Tischrede 3232 c vom Juni 1532 (WA Tr 3, 3232c).

Stoff, der ihn damals vordringlich beschäftigte. In seiner Lebensrückschau heißt es, er habe sich als einer von denen erlebt, »die durch Schreiben und Lehren vorangekommen sind«,[49] und er bezeugt selbst, dass der reformatorische Durchbruch mit dem Beginn seiner 2. Psalmenvorlesung zusammenfällt, die ihm wichtiger wurde als die erste. Seit dem Thesenanschlag beschäftigte er sich vor allen anderen biblischen Büchern besonders intensiv mit den Psalmen. In den Wochen vor Semesterbeginn werden es vor allem die ersten Psalmen gewesen sein, die den Messias als Herrn der Völker und Wächter über seine Getreuen ansprechen (z. B. in Ps 2 und 3).

Als Luther in Augustins Schrift *Vom Geist und vom Buchstaben* die Rechtfertigungslehre entdeckt, erkennt er darin seine eigene Lehre wieder. Augustin versteht die Gerechtigkeit genauso wie Paulus: als Gerechtigkeit, mit der uns Gott gerecht macht – ohne unser Zutun. Anscheinend gibt Gott in der Gerechtigkeit, mit der er den Menschen bekleidet, die Heiligung wie einen Teil der Gerechtigkeit bereits mit. Das bestärkt Luthers Neigung, die Gerechtigkeit Gottes als eine passive zu verstehen.

Als Kurt Aland entgegen der früheren Ansetzung von Luthers Turmerlebnis herausfand, dass bei der Abfassung der 95 Thesen der reformatorische Durchbruch Luthers noch bevorstehen musste, war er der Erste, welcher die Chronologie mit der thematischen Abfolge in einen logischen Zusammenhang brachte. Er verortete das Turmerlebnis zeitlich am Beginn der zweiten Psalmen-Vorlesung, wie Luthers autobiografischen Bericht. Er verteidigte dieses Datum gegen alle Autoren, die den reformatorischen Durchbruch viel früher, noch vor dem Thesenanschlag von 1517, ansetzten – wie zum Beispiel Hanns Lilje in seiner berühmten Lutherbiografie.[50]

Offen blieb, welcher Anlass es war, der Luthers Kritik an der Kirche und an der Vormachtstellung des Papstes ausgelöst haben mochte. Folgen wir Luthers autobiografischen Angaben, so fiel das Turmerlebnis, wie gesagt, mit dem Beginn seiner zweiten Psalmenvorlesung

---

[49] WA 54, 187.
[50] LILJE, *Martin Luther*.

im August 1518 zusammen. Gemeinsame Motive in Luthers Kritik und den ersten Psalmen finden sich viele.

Der 1. Psalm lobt denjenigen, der sein Verhalten »Tag und Nacht neu am Gesetz des Herrn ausrichtet«, und der 2. Psalm preist den Gesalbten des Herrn als den Erwählten, zu dem die Gottesstimme gesprochen hat: »Mein Sohn bist du, ich habe dich heute gezeugt. Erbitte von mir, und ich gebe dir Völker zum Erbe, zu deinem Besitz die Grenzen der Erde.« Wir haben nicht den Raum für viele Nachweise. Doch misst man allein an diesem Psalm die Sonderstellung des Papstes, so kann das Verhalten der machthungrigen Renaissance-Päpste vor dem Vergleich nicht bestehen: Der Gesalbte wird Länder erben – doch die Päpste wollten sie mit irdischen Waffen erobern.

Im Hintergrund des neuen Cantus firmus in Luthers Leben steht eine wichtige Entdeckung: Der Humanist LAURENTIUS VALLA hatte um 1440 herausgefunden, dass die angeblich mehr als 1000 Jahre alte Konstantinische Schenkung gefälscht war, die dem Papst als Bischof von Rom den Primat vor den übrigen Bischöfen und den Besitz eigener Ländereien zusprach.[51] Valla wies nach, ein Unbekannter müsse die erst im 9. Jahrhundert erwähnte Stiftungsurkunde gefälscht haben – eine Tatsache, die der Kardinal Nikolaus von Kues übrigens schon 1433 veröffentlicht hatte. Vallas Schrift ist ein Appell an den Papst, auf die falsche Begründung seiner Macht zu verzichten. Seit dem Erscheinen dieser Schrift kursierte das Ergebnis mündlich; Ulrich von Hutten machte das Werk um 1520 durch eine Neuausgabe in Deutschland bekannt. Auch Luther lernte es durch Huttens Ausgabe kennen, nachdem er schon lange vermutet hatte, der Papst stehe mit dem Anspruch seines Primats im wahrsten Sinn des Wortes auf bodenlosem Grund.

51 VALLA, *Declamatio de falsa credita et ementita Constantini donatione*, 1440. Die konstantinische Schenkung beruht auf einer Legende: Zum Dank an Silvester I. für die Heilung vom Aussatz und die Taufe habe Konstantin dem Bischof von Rom den Vorrang vor den anderen Bischöfen verliehen und ihm Ländereien in Roms Umgebung geschenkt. Hätte der Senat von Rom den radikalen Eingriff in seine Oberhoheit geduldet?

Scheinbar war es ein Zufall, dass Tetzels Tod und die Kunde von der Fälschung der Konstantinischen Schenkung kurz nacheinander in Leipzig zusammentrafen: Tetzels Tod markiert das Ende des Ablass-Themas in Luthers Leben, und die humanistische Entdeckung kündigt als neues Lebensthema den fragwürdigen Primat des Papstes an. Valla wollte mit seiner Schrift seinerzeit den Papst warnen: er dürfe seinen Primat keinesfalls weiterhin auf die zweifelhafte Stiftungsurkunde gründen. Luther ist vor allem bestürzt, dass die Gründe für die Vorrangstellung des Papstes unter die Dekretale des Papstes aufgenommen wurden. Deshalb macht er sich Luft in einem Brief an Spalatin:

> Lieber Gott, welch eine große Finsternis ...! Und, worüber Du Dich bei Gottes Gerechtigkeit wundern kannst, dass sie nicht allein so viele Jahrhunderte lang bestanden, sondern auch geherrscht haben und unter die Dekretalen aufgenommen worden sind. So unreine, so grobe, so unverschämte Lügen haben, damit nichts an dem greulichsten Greuel fehle, die Stelle von Glaubensartikeln eingenommen![52]

---

[52] An Spalatin vom 24. Februar 1520, zitiert nach *Luther Deutsch*, Bd. 10.

13 Die ideelle Grundsteinlegung der neuen Ordnung

Luther war inzwischen fleißig. Hatte sich sein Schrifttum im Jahre 1518 kaum vermehrt über die wenigen Schriften von 1517 hinaus, so bringt das Jahr 1519 einen erheblichen Zuwachs von Schriften, zu dem Ziel, das Leben gemäß der neuen Erkenntnis zu ordnen: Außer ein paar Streitschriften erscheinen gleich mehrere Auslegungen des Vaterunsers und einige Sermone, die den Inhalt der Schriften von 1520 vorbereiten.

Für Luther gibt es über die genannten Grundschriften hinaus weitere Anlässe, sich in das Gespräch einzumischen, als im Jahr 1519 die *Epitoma responsionis ad Martinum Lutherum* des päpstlichen Hoftheologen Sylvester Prierias (italienisch: Silvestro Mazzolini) erscheint, welche den Primat und die Unfehlbarkeit des Papstes untermauern will. Dazu kommt 1520 die deutsche Ausgabe der Schrift *Super apostolica sede* des Leipziger Franziskaners Augustin von Alveldt heraus, die Luther mit der emotionalen Gegenschrift *Von dem Papsttum zu Rom wider den hochberühmten Romanisten zu Leipzig* mit einer in vier Punkte gegliederten Lehre von der Kirche beantwortet:[53]

1. Die Christenheit als Versammlung aller Christusgläubigen ist eine Versammlung *der Herzen zu einem Glauben;* Taufe und Evangelium sind ihre Zeichen in der Welt.
2. Diese Christenheit als allein wahre Kirche hat kein Haupt auf Erden, *sondern allein Christus im Himmel ist hier das Haupt und regiert allein.* Bischöfe sind Boten und nach göttlicher Ordnung alle gleich. Nur nach menschlicher Ordnung ist »*in der äußerlichen Kirche einer über dem anderen*«.

---

[53] Zum Teil gekürzt zitiert nach *Handbuch der Kirchengeschichte* IV, S. 68–69 (Kursivierung übernommen).

3. Mat 16 muss durch Mat 18,18 ausgelegt werden. Dann ist klar, dass dem hl. Petrus für die ganze Gemeinde, nicht für seine Person allein die Schlüssel gegeben sind.
4. Man soll den Papst als von Gott zugelassen mit aller Geduld ertragen, *wie wenn der Türke über uns wäre.*

Mit dem Jahr 1520 erfährt der Ketzerprozess gegen Luther seine Fortsetzung. Nun wartet auf ihn die Prüfung, sich auf dem nächsten Reichstag vor Kaiser und Reich persönlich zu verantworten. Zunächst beschäftigt ihn die Enthüllung der Konstantinischen Schenkung. Die Enthüllung dieses Betrugs war für Luther gleichbedeutend wie die Erkenntnis, dass die Ablassprediger nicht auf eigenes Risiko durch das Land zogen, sondern ihr Auftreten päpstlich legitimiert war. Beides erschüttert seinen Glauben an die Kirche und bekräftigt seine ehrliche Überzeugung, der Antichrist selbst habe sich des päpstlichen Thrones in Rom bemächtigt – ein Verdacht, den er zunächst als streng gehütetes Geheimnis wie unter vorgehaltener Hand einem Freund brieflich anvertraut.[54]

Nach der Rückkehr vom Augsburger Verhör Ende 1518 beginnt Luther damit, seine Ideen zum Aufbau der kirchlichen Gemeinschaft im Sinn des Neuen Testamentes zu skizzieren. In mehreren Schriften entwickelt er die Grundsätze, die das künftige Verhalten der Gläubigen regeln sollen. Zuerst verfasst er den Sermon *Von den guten Werken* (April 1520), den er Herzog Johann dem Beständigen von Sachsen widmet. Nichts sei gegen gute Werke einzuwenden; aber gute Werke seien nur die, die Gott selbst geboten habe; wichtigstes Werk sei der Glaube. Indem er systematisch das Verhältnis der einzelnen Gebote zum Glauben untersucht, schafft er mit dieser Schrift die Grundlage einer protestantischen Ethik.

Als Dr. Johannes Eck im Sommer 1520 aus Rom kommt, bringt er die Bannandrohungsbulle mit. Sie verurteilt 41 Sätze aus Luthers Schriften als »ketzerisch, für fromme Ohren anstößig, für einfache

---

[54] Brief an Spalatin vom 13. März 1519 (»ich sag es Dir ins Ohr«); in: *Luther Deutsch* Bd. 10, Nr. 41, S. 57.

Gemüter verführerisch und der katholischen Lehre widersprechend«. Wenn Luther diese Sätze nicht binnen 60 Tagen widerrufe, soll er dem Bann verfallen, aus der Kirche ausgeschlossen und seine Schriften verbrannt werden. Zwei römische Gesandte, Hieronymus Aleander und Johannes Eck, sollen die Bulle in Deutschland bekannt machen. Luthers Antwort ist, dass er den Grundstein für das neue Sozialgefüge weiter herausarbeitet. Extrem heftig wendet er sich gegen den Papst: *Adversus execrabilem Antichristi bullam* (Wider die verwünschenswerte Bulle des Endchrists):

> Ich fordere Dich, Leo X., auch Euch, Ihr Kardinäle, und alle anderen Leute, die Ihr an der Kurie etwas bedeutet, in die Schranken und sage Euch ins Angesicht: Ist diese Bulle wirklich unter Eurem Namen mit Eurem Wissen ausgegangen, so ermahne ich Euch kraft der Gewalt, die ich wie alle Christen durch die Taufe erhalten habe: Tut Buße und lasst ab von solchen satanischen Lästerungen Gottes, und zwar schnell. Andernfalls sollt Ihr wissen, dass ich mit allen Verehrern Christi den Stuhl von Rom für vom Satan besessen und für den Thron des Antichristen halte und ihm als Haupt- und Todfeind Christi nicht mehr gehorchen und verbunden sein will.[55]

Das Schriftstück endet in einer wörtlichen Verfluchung des Papstes und seines Gefolges. Im August 1520 vollendet Luther die Schrift *An den christlichen Adel deutscher Nation von des christlichen Standes Besserung*. Nahm sich der Sermon über die guten Werke wie ein Präludium aus, so geht erst von dieser zweiten Schrift »die volle Wirkung«[56] aus, hatte Luther doch am eigenen Leib verspürt, welche Gefahren ihm auf dem Weg von Wittenberg nach Augsburg drohten und was er als Mönch dem Kurfürsten zu danken hatte. Die Erfahrung des Behütetseins fließt in die Schrift ein, mit der er den deutschen Adel zum Hüter des geistlichen Standes aufruft. Dabei stellt er die Frage,

---

[55] Zitiert nach ALAND, *Reformation Martin Luthers*, S. 91.
[56] ALAND, *Reformation Martin Luthers*, S. 80.

»Ein Sermon von dem Wucher«
Holzschnitt, 1520. © akg-images

ob der Staat überhaupt in kirchliche Vorgänge eingreifen dürfe. Luthers Antwort: Weil Bischöfe und Prälaten nichts gegen den Verfall unternähmen und weil von einem Konzil keine Hilfe zu erwarten sei, bliebe als einziges Mittel, dass »Adel, Städte und Gemeinden selbst anfangen einzugreifen, damit die Bischöfe und die Geistlichen veranlasst würden zu folgen«.[57]

Im Oktober lässt Luther die Schrift *Von der babylonischen Gefangenschaft der Kirche* folgen, worin er verschiedene Unfreiheiten (»Gefängnisse«) beschreibt, in denen die Kirche ihre Gläubigen gefangen halte. Aus den Abendmahlsberichten des Neuen Testaments folgert Luther, der Entzug des Kelches sei das erste große Gefängnis gewesen, in welches die Christen von der Kirche gesperrt wurden.

Im November vollendet Luther *Wider die Bulle des Antichrist* sowie die bekannte Schrift *Von der Freiheit eines Christenmenschen*. Gegen Ende des Jahres erscheint noch ein wenig beachteter Sermon, der gerade für unsere Gegenwart mit ihren Finanzkrisen ganz besondere Bedeutung hat, nämlich der *Kleine Sermon vom Wucher*. Hier geißelt Luther mit derben Worten den verantwortungslosen Umgang mit Geld; im Erheben von Zinseszins – Luther nennt ihn »Wucherzins« – sieht er einen Sündenfall, da Geld gewonnen wird, ohne dass ihm ein Gegenwert in menschlicher Arbeit die Waage hält. Der Überblick zeigt, wie allein die vier Hauptschriften aus diesem einen Jahr 1520 eine Art Grundriss für die neue Gemeinschaft darstellen.

Um die Entwicklung der wirklichen Reformation chronologisch exakt einzuordnen, folgen wir wörtlich dem Historiker Erwin Iserloh: »Nicht die Rechtfertigungslehre selbst, sondern die Lehre von der Kirche führte immer deutlicher zum Bruch. Luther kämpfte schon länger mit der Vorstellung, der Papst sei der Antichrist«.[58]

Als er im Februar 1520 die von Ulrich von Hutten edierte Schrift über die Konstantinische Schenkung kennenlernt, schreibt er an Spalatin: »Ich ängstige mich derart, dass ich fast nicht mehr zweifle, der

---

[57] WEHR, *Umstrittene Reformation*, S. 56.
[58] *Handbuch der Kirchengeschichte* IV, S. 68, mit Verweis auf den Brief an W. Link vom 18.12.1518 (WA Br 1, 270).

Papst sei eigentlich der Antichrist, den nach allgemeiner Meinung die Welt erwartet.«[59] Das ist kein sarkastischer Hohn, sondern die echte Sorge Luthers! Damit hat Luther klare Front bezogen, und es erhebt sich die Frage: Wie wird sich der Papst gegenüber diesem grundsätzlichen Entmachtungsversuch verhalten – mit Rückzug oder mit Gegenangriff?

---

[59] Brief an Spalatin vom 24.2.1520 (WA Br 2, 48 f.).

14 Schärfste Gewissensprüfung: Luther vor dem Reichstag in Worms

Im November 1520 wird eine Reihe lutherischer Schriften in Köln verbrannt. Im Gegenzug veranstaltet Luther am 10. Dezember vor dem Wittenberger Elstertor eine Verbrennung der päpstlichen Bannbulle, dazu aller kanonischen Rechtsschriften der Kirche. Als Antwort verhängt der Papst am 3. Januar 1521 – das heißt vor Ablauf der 60-Tage-Frist, welche die Bannbulle einräumte! – den Bann über Luther, wovon das Volk keine Notiz nimmt; am 8. Februar meldet der Legat Aleander nach Rom: »Ganz Deutschland ist in hellem Aufruhr«, man folge der Losung »Tod der römischen Kurie!«.[60]

Die 95 Thesen von 1517 waren es nicht, die Luthers Gewissen auf die Probe stellten; eine echte Prüfung seiner Treue zum eigenen Gewissen kam für ihn erst 1521. Im März ersucht der Reichstag den Kaiser, er möge in Rücksicht auf die heftige Erregung im Volk Luther nach Worms einladen und durch Sachverständige verhören lassen. Aufgrund des Ansehens, das Luther im Volk trotz päpstlicher Ächtung genoss, bekundet Kaiser Karl seine Hochachtung vor dem unbekannten Mönch in dem Schreiben von Anfang März 1521, mit dem er den Ketzer in höflichen Worten nach Worms einlädt:

> Dem Ehrsamen unserm lieben andächtigen Doctor Martin Luther Augustiner Ordens gebietet nach Worms zu kommen unter der Zusicherung unser und des Reiches frey Sicherheit und Geleit.

Unmittelbar vor seinem Aufbruch nach Worms hatte Luther in seiner *Antwort*[61] auf die *Apologia* des italienischen Dominikaners Ambrosius Catharinus seine eigene Auffassung von Kirche und Papsttum

---

[60] Iserloh, *Geschichte und Theologie*, S. 40–41.
[61] WA 7, 705–778.

präzisiert: Kirche entstamme dem Wort Gottes, sie sei ohne örtliche Begrenzung überall da, wo das Evangelium verkündet werde und die Sakramente Taufe und Abendmahl gespendet würden. Danach führt er ungeschminkt genauer aus: »Die Papstkirche ist die in der Heiligen Schrift als Antichrist beschriebene dämonische Macht, die bis zum Ende der Tage dauert und nicht mit Waffen, sondern mit Wort und Geist zu bekämpfen ist«.[62] Inzwischen hatte sich Luther aus den Paulusbriefen, die er immer wieder las, eine unumstößliche Sicherheit angeeignet. Des abschreckenden Beispiels nicht achtend, das die Kurie hundert Jahre zuvor mit der widerrechtlichen Verurteilung des Johannes Hus gegeben hatte, ist Luther entschlossen, seine Thesen in Worms zu verteidigen: »Wenn noch so viel Teufel zu Worms wären, als Ziegel auf den Dächern, ich wollt doch hinein«.[63] Obwohl dem Ketzer die Reichsacht droht, ist er bereit, sich auf den Weg zum Reichstag nach Worms zu begeben. Als der angesetzte Termin naht, ziemt es dem Kaiser, hoch zu Ross in die Stadt einzureiten; der Mönch fährt zwei Tage später auf einem kleinen Wägelchen ein:

> Am 16. April 1521, früh um 10 Uhr, fuhr Luther auf seinem von Edelleuten begleiteten Rollwägelchen durch die dichtgedrängte Menge in Worms ein. Am nächsten Tag, nachmittags um 6 Uhr, stand er in der bischöflichen Pfalz vor Kaiser und Reichstag.[64]

Am 18. April muss Luther auf die am Vortag gestellten Fragen Rede und Antwort stehen. Luthers Bücher sind vor ihm auf einer Bank aufgestapelt. Die Titel seiner Schriften werden verlesen, und er bejaht freudig die Frage, ob er sie geschrieben habe. Die zweite Frage betrifft den Inhalt: ob er etwas darin korrigieren oder eine Aussage zurücknehmen wolle. Er antwortet: Obwohl seine Schriften nicht alle von derselben Art seien, habe er an ihnen nichts zu ändern, und fügt hinzu:

---

[62] ISERLOH, *Geschichte und Theologie*, S. 41.
[63] WA Tr 5, 65.
[64] ISERLOH, *Geschichte und Theologie*, S. 41.

Sogar die harte und grausame Bulle hält einige meiner Schriften für unschädlich, obgleich sie mit wahrhaft seltsamem Urteil auch diese verurteilt. Wenn ich also anfinge, diese Schriften zu widerrufen, was täte ich damit anderes, als dass ich als einziger Sterblicher die Wahrheit verurteilte, die Freund und Feind bekennen [...]. Die dritte Art Schriften sind die, die ich gegen einzelne Privatpersonen [...] geschrieben habe, die es unternommen haben, für die römische Tyrannei einzutreten und den von mir gelehrten Glauben umzustoßen. Gegen sie, das gebe ich zu, bin ich schroffer gewesen, als es mir als Mönch ziemt. Denn ich mache aus mir keinen Heiligen und disputiere nicht über mein Leben, sondern über die Lehre Christi. Auch diese Schriften kann ich aber nicht widerrufen; denn wenn ich sie widerriefe, würden Tyrannei und Gottlosigkeit unter Berufung auf mich heftiger denn je herrschen und gegen das Volk Gottes wüten.[65]

Wie sein Herr Jesus Christus, so bleibt auch sein Knecht bei dem Verhör fest. Als der Hohepriester Jesus verhörte und der Knecht ihn schlug, entgegnete Jesus: »Habe ich unrecht geredet, so beweise, dass es unrecht ist.« Obwohl er weiß, dass er sich nicht geirrt hat, stellt auch Luther das Urteil des einfachen Dieners über das eigene Urteil:

Wie viel mehr muss denn ich, der ich ein Nichts bin und nur irren kann, darum bitten und darauf warten, ob jemand gegen meine Lehre Zeugnis vorbringen will. Darum bitte ich durch die Barmherzigkeit Gottes Eure Majestät, Eure durchlauchtigsten Herrschaften [...] der Höchste oder der Geringste wolle Zeugnis geben, die Irrtümer widerlegen, sie mit Propheten- und Evangelienworten überwinden, denn ich werde, wenn ich belehrt worden bin, bereit sein, jeden Irrtum zu widerrufen und meine Bücher als erster ins Feuer werfen.

---

[65] Hier und im Folgenden zitiert nach *Luther-Lesebuch*, S. 44 ff.

»Luther vor dem Kaiser in Worms«
Anonymer Holzschnitt 1521. © akg-images

Mutig baut Luther sich vor den Ständevertretern auf, vor der Reichsversammlung, zu der ihn der Kaiser eingeladen hat. Obwohl dieser fast kein Wort Niederdeutsch versteht, nötigt ihm der Mut des Wittenberger Professors tiefen Respekt ab. Ein Zeichen seiner kaiserlichen Würde ist, dass der junge Monarch die Empfehlung des Papstes nicht befolgt, den Ketzer – trotz des vorhandenen Geleitbriefs! – in aller Stille zu beseitigen.[66] Luther freut sich, dass durch seine wörtliche Auslegung von Matthäus 10 Zwietracht und Streit in der Welt vermehrt werden, wenn das auch seine Richter kaum verstehen:

> Für mich ist es allerdings der allererfreulichste Anblick, wenn ich sehe, dass um des Wortes Gottes willen Eifer und Streit entstehen. Denn das ist der Lauf, das Geschick und der Ausgang des Wortes Gottes, wie der Herr sagt: »Ich bin nicht gekommen, Frieden zu bringen, sondern das Schwert; denn ich bin gekommen, einen Menschen mit seinem Vater zu entzweien [...].« (Mat 10,34–35)[67]

Als man ihm vorhält, er solle zur Sache reden, man erwarte von ihm eine einfache, keine »gehörnte« Antwort; auch könnten von Konzilien bereits gefällte Entscheidungen über behandelte Probleme nicht neu in Frage gestellt werden, setzt er zur Rede an:

> Weil denn Eure Majestät und die Herrschaften eine einfache Antwort begehren, so will ich eine geben, die weder Hörner noch Zähne hat. Wenn ich nicht durch Zeugnisse der Schrift oder einleuchtende Gründe widerlegt werde, denn ich glaube weder dem Papst noch den Konzilien; allein, da es am Tage ist, dass sie öfter geirrt und sich selber widersprochen haben – so bin ich überwunden durch die von mir angeführten Schriftstellen

---

[66] Nach seinem Sieg im Schmalkaldischen Krieg 1547 wird dieser Kaiser dafür sorgen, dass Luthers Grab nicht geschändet wird – gegen den Willen seines Feldherrn Herzog Ferdinand von Alba.
[67] *Luther-Lesebuch*, S. 46.

und mein Gewissen gefangen durch Gottes Wort. Widerrufen kann ich nicht und will ich nicht, denn wider das Gewissen zu handeln ist beschwerlich, unsinnig und gefährlich. Gott helfe mir. Amen![68]

Die letzten Worte gehen in dem Tumult nach Luthers Erklärung unter, sodass später einzelne Worte angezweifelt werden. Als er danach in seine Herberge kommt, jubelt er fröhlichen Gesichts und die Arme hochwerfend: »Ich bin hindurch, ich bin hindurch!« Wie auch immer die Worte lauteten: Die weiteren auf dem Reichstag geführten Gespräche führen nicht zur Verständigung. Da die Gegner ihm keinen Widerspruch zur Heiligen Schrift nachweisen können, braucht Luther keine seiner Aussagen oder Schriften zurückzunehmen. Für den Kaiser ist allerdings die Verhandlung nicht zu Ende. Er will um jeden Preis reinen Tisch machen. Am Tag nach Luthers Bekenntnis erklärt er, er wolle nach dem Vorbild seiner Ahnen ein treuer Sohn der Kirche bleiben und jeden Ketzer verfolgen. Ohne Zweifel ist der Kaiser selbst über die Luthersache ins Nachdenken gekommen; vorläufig neigt er der stärkeren Macht zu. Er gewährt drei Tage Frist, in der die Stände Luther umstimmen können. Andererseits deutet der Kaiser an, dass er auch andere Mittel als die der Überredung einsetzen könnte. Offenbar braucht er selbst die Drei-Tage-Frist, um Pläne für den Fall zu schmieden, dass Luther keinen Ansatz zum Umdenken zeigt.

Am 24. April steht Luther vor dem Erzbischof von Trier noch einmal Rede und Antwort, ohne dass etwas erfolgt. Doch am Abend des 25. April lässt ihm der Kaiser ausrichten, gegen das fremde Kirchenverständnis, das Luther gezeigt habe, müsse er nun als Schirmherr der Kirche vorgehen.

Am andern Tag verlässt Luther Worms in fröhlicher Stimmung und in der Erwartung, irgendwo im Thüringer Wald »eingetan und verborgen« zu werden, wie man ihm angedeutet hat. Am 4. Mai gelangt der Wagen in die Nähe von Burg Altenstein, der Wagen wird »überfallen«, Luther herausgeholt und auf die Wartburg »entführt«.

---

[68] Sprachlich leicht verändert zitiert nach *Luther-Lesebuch*, S. 46.

In Worms liegt am 8. Mai das kaiserliche Edikt schriftlich vor. Häufig geändert, wird es am 25. Mai fertig. Der Kaiser unterschreibt es am nächsten Tag, Kurfürst Johann stimmt im Namen der Stände zu. Das Wormser Edikt führt zur Begründung des Ketzervorwurfs ganze Passagen aus Luthers Schriften an, vor allem aus *De captivitate Babylonica ecclesiae* (Von der babylonischen Gefangenschaft der Kirche), und brandmarkt sie als Irrlehren. Jedem Dahergelaufenen ist es erlaubt, gegen den vogelfreien Luther und seine Anhänger vorzugehen:

> Wir gebieten euch allen, dass ihr den Martin Luther nicht hauset, hofet, atzet, tränket noch erhaltet noch ihm mit Worten oder Werken weder heimlich noch öffentlich irgendwelche Hilfe beweiset, sondern, wo ihr ihn treffen möget, ihn gefangen nehmt und ihn Uns wohlbewahrt zusendet.[69]

Luther ist also heimlich auf die große Wartburg verbracht, wo er, vor der Welt verborgen, fast ein ganzes Jahr – mit kurzer Unterbrechung – zubringt (bis 3. März 1522).

---

[69] Sprachlich leicht verändert zitiert nach *www.uni-muenster.de/FNZ-online/politstrukturen/reformation/quellen/edikt.htm* (Zugriff 1.8.2017).

15 Die Verdeutschung der Bibel

Solange die verräterische Tonsur nicht zugewachsen und der Bart dicht geworden ist, darf Luther sich als »Junker Jörg« keinem Fremden zeigen als nur dem Knappen, der ihm das Essen bringt. Für die Verbindung zur Außenwelt sorgt der treue Spalatin, er verschafft dem Einsiedler von »Patmos«[70] das unentbehrliche Schreibmaterial und die nötigsten Bücher. Gegen die Einsamkeit hilft dem nach Austausch hungernden Luther seine Liebe zum Schreiben – nicht nur mit Briefen an die Freunde. Zunächst nimmt sich der Junker Jörg die Erklärung einzelner Psalmen vor, dann vollendet er die abgebrochene Erklärung des Magnifikat, des Lobgesangs der Maria. Danach schreibt er eine Handreichung zur heimlichen Beichte, wo er seinen Zorn am Papst auslässt, der aus der Beichte »eine Zwangsanstalt«[71] machen wollte, statt sie mit schonender Freiheit zu umgeben.

Danach geht er an das Riesenwerk, für das eine solche Schutzhaft gerade den richtigen Rahmen bildet: die Übersetzung der Bibel. Innerhalb weniger Wochen vollendet er das Neue Testament – vermutlich als Revision einer vorliegenden Übersetzung, denn die Lutherbibel hat allerlei deutsche Vorgänger. Im September kann er ein schönes Ergebnis vorweisen: die sogenannte September-Bibel, ein vollständiges Neues Testament auf Deutsch. Zwar ist es erst ein Teil der Bibel, aber doch der wichtigste, der für früher oder später ein Ganzes verspricht. Luther möchte, dass alle Mitglieder einer Gemeinde sich Trost und Rat aus dem täglich gelesenen Bibelwort holen; dazu braucht jeder eine Bibel, die er so gut wie möglich verstehen sollte. Luther sieht ein, dass das Übersetzen eine Last über seine Kräfte ist, und äußert die Absicht, mit Nikolaus von Amsdorf und anderen

---

[70] WA Tr 3, Nr. 3814.
[71] WA 8, 164, zitiert nach *Handbuch der Kirchengeschichte* IV, S. 83.

Freunden sich der Übersetzung des Alten Testaments zu widmen. Das verraten die Zeilen, die er dem Freund am 13. Januar 1522 schreibt:

> Ich sehe nun, was Dolmetschen heißt und warum es bisher von keinem versucht worden ist, der seinen Namen öffentlich bekannt hätte. Das Alte Testament freilich werde ich ohne eure Anwesenheit und Mitarbeit nicht anpacken können.

1524 erinnert Luther in seiner Denkschrift *An die Ratsherrn aller Städte deutschen Landes* die Obrigkeit an ihre Pflicht, für genügend Unterricht zu sorgen:

> Wo die Sprachen vernachlässigt werden, da muss zuletzt das Evangelium bestimmt untergehen. [...] Wir werden das Evangelium nicht gut ohne die Sprachen erhalten. Die Sprachen sind die Scheide, darin das Messer des Geistes steckt. [...] Sie sind das Gefäß, in dem man diesen Trank fasst. Sie sind die Kammer, in der diese Speise liegt. Und wie das Evangelium zeigt, sind sie die Körbe, in denen man diese Brote, Fische und Brocken verwahrt. [...] Wo aber die Sprachen sind, da bleibt das Evangelium frisch und stark, die Schrift wird fleißig betrieben, und der Glaube wird durch immer andere Worte und Werke neu geboren.[72]

Der *Sendbrief vom Dolmetschen* aus dem Jahr 1530 enthält Gedanken, die ihm durch die Arbeit mit den alten Sprachen auf der Wartburg seit 1521 gekommen sind:

> Wir wollen nicht der Papisten Schüler noch Jünger, sondern ihre Meister und Richter sein. [...] Sie sind Doctores? Ich auch. [...] Sie sind Philosophi? Ich auch. Sie schreiben Bücher? Ich auch. Und ich will mich weiter rühmen: Ich kann Psalmen und Propheten auslegen – das können sie nicht. [...] Ich kann

---

[72] WEHR, *Umstrittene Reformation*, S. 44.

»Luther als Evangelist«
Holzschnitt von Hans Sebald Beham, 1525. © akg-images

die Heilige Schrift lesen – das können sie nicht. Ich kann beten – das können sie nicht. Und dass ich [...] von dem letztlich Geringeren auch noch spreche: Ich kann ihre eigene Dialectica und Philosophia besser denn sie selbst allesamt.[73]

Die ganze Begeisterung, deren der Übersetzer der 16 alttestamentlichen und 22 neutestamentlichen Bücher fähig ist, spricht aus den zitierten Worten. Er ließ sich vom hebräischen oder griechischen Wortlaut (aber nicht vom lateinischen, wie er im Sendbrief vom Dolmetschen hervorhebt!) für wohlklingende und gute rhythmische Entsprechungen im Deutschen inspirieren; daraus erklärt sich das Heimatempfinden, das seine Übersetzung ausstrahlt. Wenn Luther sich den römischen Priestern überlegen fühlt, so trifft dies die Scholastik: Vielleicht gab es in Erfurt den einen oder anderen Dozenten, der unsicher in der Logik war. Das feine und tiefe Empfinden für den warmen Klang seiner Sprache verdankt Luther wohl seiner ständigen Gebetsbereitschaft. Ebenso natürlich wie der Umgang mit den Freunden war ihm das Gespräch mit Gott, stets stand er in Verbindung mit dem Geist, immer empfänglich für Inspirationen.

---

[73] WEHR, *Umstrittene Reformation*, S. 43.

16 Hunger nach neuen Formen

Jene Gemeinden, die sich aus der römisch-katholischen Kirche herauslösten, forderten eine neue Ordnung für die Messe. In Wittenberg begannen die Ereignisse sich zu überstürzen durch ANDREAS KARLSTADT, Luthers älteren Kollegen an der Universität (vgl. Kap. 11). Dieser ist durchaus willig, den Ideen Luthers zu ihrer Verwirklichung zu helfen, aber es geht ihm zu langsam, er dringt auf rasche Erneuerung des Gottesdienstes. Zum Jahresende 1521 kommt es zu Unruhen in den Wittenberger Kirchen; als Luther davon hört, verlässt er am 2. Dezember heimlich die Wartburg, um sich selbst ein Bild der Vorgänge zu machen. Als er noch im Dezember auf die Wartburg zurückkehrt, ergreift Karlstadt die Gelegenheit, den Weihnachtsgottesdienst 1521 selbst zu halten. Und so könnte der Gottesdienst sich abgespielt haben:

> An 2000 Gläubige sind in der Wittenberger Stiftskirche versammelt. Die Messe beginnt. Dr. Karlstadt tritt in Alltagskleidung an den Altar. Er liest ein Gebet nach dem andern, die im Ritual gekürzt sind und kein einziges Mal das blutige Opfer von Golgatha erwähnen. Die sonst still gesprochenen Wandlungsworte *Hoc est corpus meum* werden wie die ganze Messe vernehmbar auf Deutsch gesprochen. Das Altarsakrament in der Sprache des Volkes – das ist neu! Die Austeilung der Gaben in beiderlei Gestalt überrascht die Gläubigen. Bei der Kommunion erhält jeder Gläubige erst die Hostie und dann sogar auch den Kelch in die Hand! Ein Kommunikant, dem die Hostie aus der Hand gleitet, erschrickt so sehr, dass er unfähig ist, sie aufzuheben – offenbar aus alter Scheu, die Hostie mit der Hand zu berühren.[74]

---

[74] WEHR, *Umstrittene Reformation*, S. 105–106.

Anfang 1522 kommen die radikal-reformerischen »Zwickauer Propheten«, die aus Zwickau vertrieben wurden, nach Wittenberg. Mit ihnen kommt der Prediger und spätere Bauernkriegsführer Thomas Müntzer in die Stadt. Auch Gabriel Zwilling, Augustinermönch wie Luther und nur wenige Jahre jünger als dieser, gelangt nach Wittenberg und beginnt eine Predigtreihe, in der er heftig gegen die Messe und alle »Möncherei« loszieht. Zwilling wird bald ein eifriger Lutheraner sein, aber vorerst führt er schnell eine neue Ordnung ein, die weder Gewänder noch Weihrauch kennt; vor Beginn des Gottesdienstes lässt er alle Bilder abhängen und leitet damit am 6. Februar 1522 den Wittenberger Bildersturm ein. Da wird es den einfachen Mitgliedern unbehaglich, und sie verlangen, man solle zu den alten Bräuchen zurückkehren. Um Ordnung in das Durcheinander zu bringen, fordert der Stadtrat Luthers unverzügliche Rückkehr nach Wittenberg.

Selbst Melanchthon sympathisiert schon mit den Ideen der Zwickauer Propheten, und da Luther an bestimmten Äußerungen die Unsicherheit seines Freundes spürt, entschließt er sich zu sofortiger Rückkehr, ohne die Erlaubnis des Kurfürsten abzuwarten. Der erste Sonntag nach seiner Rückkehr heißt Invocabit (Ps 91,15, »Er ruft mich an …«), wie jeder vorösterliche Sonntag nach dem Anfang seines Introitus benannt. Von diesem Sonntag an geißelt Luther Tag für Tag mit harten Worten die Zuchtlosigkeit, die um sich gegriffen hat. Bis zum Sonntag Reminiscere (»Gedenke, Herr, …«) kehrt mit Luthers achter Predigt wieder Ruhe in die Gemeinde ein. Seither nennt man die Predigtreihe Invocabit- (ungenau: Invocavit-)Predigten.

Bis 1526 ist Luther damit beschäftigt, die Form der Messe selbst zu überarbeiten. Das heißt aber, dass bis dahin keine neue Gottesdienstform ausprobiert werden kann, abgesehen von den vereinzelten Versuchen Andreas Karlstadts; dieser hat sich von den Zwickauer Ideen anstecken lassen und will unbedingt die neue Messe probieren. Auch die Wittenberger Gemeinde drängt nach einer neuen Liturgie. Im Oktober 1525 ist es so weit: Der Gemeindegottesdienst wird auf Deutsch begangen und zu Weihnachten 1525 die »Deutsche Messe« eingeführt; sie wird im Lauf des folgenden Jahres zur Normalform des lutherischen Gottesdienstes in den evangelischen Ländern.

Obwohl sich Karlstadt von den Plänen Thomas Müntzers, die neue Ordnung notfalls mit Gewalt einzuführen, ausdrücklich distanziert, stempelt Luther ihn zum Schwärmer und überlässt ihn damit der obrigkeitlichen Ausweisung aus dem Land.[75]

Die *Deutsche Messe* erscheint 1526 im Druck, nachdem 1524 das *Enchiridion geistlicher Gesänge und Psalmen* schon erschienen war, ein Gesangbuch, für das Luther die beachtliche Menge von 18 (unter insgesamt 26) Liedern beisteuert. Zwei fachkundige Musiker stehen Luther dabei zur Seite: der kurfürstliche Kantor Johann Walther in Torgau[76] und der bayrische Hofmusiker Ludwig Senfl. Dem Münchener Musiker schrieb Luther ausführlich, als er ihn bat, seinen Lieblingspsalm zu vertonen:

> Obwohl mein Name verhasst ist, so dass ich fürchten muss, dass dieser Brief […] liebster Ludwig, nicht sicher von dir empfangen und gelesen werden kann, so hat doch meine Liebe zur Musik, mit der ich dich von meinem Gott begabt und geschmückt sehe, diese Furcht überwunden. Diese Liebe gibt mir auch Hoffnung, dass dir dieser Brief nicht Gefahr bringt: denn wer außer in der Türkei würde es tadeln, wenn einer die Kunst liebt und den Künstler rühmt? Lobe ich doch auch deine bayrischen Herzöge sehr, obwohl sie mir gar nicht gnädig sind, und verehre sie vor andern, weil sie die Musik so schützen und ehren. Denn es ist kein Zweifel, dass viel Samen des Guten in den Gemütern ist, die die Musik lieben; die sie aber nicht lieben, halte ich Stümpfen und Steinen für ähnlich.[77]

Für Ricarda Huch ist dieser Brief ein Zeugnis mehr, dass Luther nicht konfessionell eng dachte, sondern stets das Ganze der christlichen Kirche vor Augen hatte.

---

[75] WEHR, *Umstrittene Reformation*, S. 110.
[76] Komponist und Herausgeber des ersten evangelischen Chorgesangbuchs (*Enchiridion geistlicher Gesänge und Psalmen* oder *Geistliches Gesangbüchlein*, 1524).
[77] Zitiert nach HUCH, *Luthers Glaube*, S. 269.

17 Erasmus und der Humanismus: Rechtzeitige Hilfe von außen

Als im Jahr 1516 in Basel eine kritische Ausgabe des griechischen Neuen Testamentes erscheint, sind nicht nur die Gelehrten überrascht. Bekannt geworden war der Herausgeber ERASMUS VON ROTTERDAM fünf Jahre zuvor durch sein *Lob der Torheit*, eine satirische »Stilübung«, in der er Widersprüche und Torheiten in Kirche und Staat an den Pranger gestellt hatte.[78] Und dieser selbe Erasmus wollte nun aus ein paar griechischen Manuskripten den griechischen Text der Bibel neu herausgegeben und mit einer eigenen Übersetzung ins Lateinische versehen haben – konnte ein- und derselbe Mensch so weit auseinanderliegende Gebiete umfassen?

Während Erasmus sich anschickt, das Neue Testament zu übersetzen, arbeiten auch spanische Gelehrte unter ihrem Kardinal Ximenes an einer neuen Übersetzung des Neuen Testaments. Der Basler Buchdrucker Froben, der die Arbeit des Erasmus für besser hält, drängt zu rascher Vollendung. So beeilt sich Erasmus und wertet nur jene griechischen Handschriften aus, die er in der Bibliothek des Basler Dominikanerklosters vorfindet. Im September 1516 ist das Neue Testament fertig, ein Jahr vor dem Thesenanschlag. Eine verbesserte Textfassung legt Erasmus 1518 vor, sodass der Thesenanschlag umrahmt ist von den zwei Ausgaben des Neuen Testaments, die zweispaltig Griechisch und Latein gesetzt sind. Die verbesserte Auflage dient Luther dann auch für seine Übersetzerarbeit an der Bibel.

Was für die Gelehrten eine Revolution war, das bedeutete Luther eine unerwartete Hilfe bei seiner Lebensaufgabe: die Kraft göttlichen Zuspruchs aus der Botschaft der Bibel zu erschließen. Die bisher als

---

[78] In der Widmung des *Lobs der Torheit* an Thomas Morus heißt es: »Wenn nicht Selbstgefälligkeit mich narrt, darf ich wohl sagen: Der Torheit galt mein Hymnus, aber ganz töricht ist er nicht.« (Übers. A. Hartmann, Basel 1566)

Heilige Schrift gültige lateinische Bibel, die *Vulgata* des Hieronymus, galt den Humanisten schon lange nur als wertloses Gestammel.

> Die mittelalterlichen Professoren [...] interessierten sich für das, was sich in ihrer Zeit mit den Lehren der Alten anfangen ließ. Deshalb hatte es fast keiner für nötig gehalten, Griechisch zu lernen. Erst als seit dem Anfang des 15. Jahrhunderts immer mehr Griechen, vor allem Gebildete, angesichts der Bedrohung ihrer Heimat durch die Türken nach Italien auswanderten und sich dort als Lehrer des Griechischen niederließen, nahmen [...] Kenntnisse in dieser Sprache in Westeuropa zu.[79]

Von nun an kann Luther beim Übersetzen neben dem lateinischen auch den griechischen Text zu Rate ziehen (Erasmus' Bibelübersetzung ist zweisprachig gedruckt). Doch er muss selbst erst die Sprache erlernen, und so setzt sich der vierzigjährige Theologieprofessor in die Griechisch-Vorlesung von PHILIPP MELANCHTHON. In dem vierzehn Jahre jüngeren Kollegen wird Luther noch einen tüchtigen Mitarbeiter gewinnen. Dieser hatte von Kindheit an die Fürsorge seines Großonkels Johannes Reuchlin, eines führenden Humanisten, erfahren. Philipp lässt sich als Zwölfjähriger in Heidelberg einschreiben, bewältigt in kürzester Zeit sein Studium und wird bereits 1518 als Einundzwanzigjähriger aufgrund bester Empfehlungen von Friedrich dem Weisen zum Professor an die Universität Wittenberg berufen, wo er mit Vorlesungen über die alten Sprachen und das griechische Geistesgut Aufsehen erregt.

Erasmus von Rotterdam, der als religiöser Gelehrter zunehmendes Interesse an Luthers Werden gewann, studierte seit dem Sommer 1519 jede Schrift, die aus Luthers Feder an die Öffentlichkeit trat. Wie musste er erschrecken, als er bemerkte, dass in dessen Schriften zwar viel von Rechtfertigung und Gerechtigkeit, aber weder vom guten Willen noch von der Heiligung die Rede war; darum musste er befürchten, dem gewaltigen Auftrumpfen Luthers werde bald eine

---

[79] GENTHE, *Mit den Augen der Forschung*, S. 14.

schmachvolle Niederlage folgen. Für ihn selbst, den friedfertigen Humanisten, war Luthers Einseitigkeit Grund genug, lebenslang gewissen Abstand zu dessen Tätigkeit zu wahren.

Für einen Apostel, dem es nicht schwerfiel, die halbe Erde zu durchwandern, war ein junger Mitwanderer zweifellos ein »Mitarbeiter Gottes« oder ein »Mitarbeiter für das Reich«, wie der Apostel Paulus seinen jungen Reisebegleiter Timotheus hin und wieder nennt (z.B. in 1Kor 3,9; Kol 4,11; 1Thess 3,2). Unter dem Mitarbeiter (*synergos*) versteht Paulus einen Helfer bei der Vorbereitung oder Durchführung einer Reise und beim Verkündigen, soweit es sich auf äußeres Tun bezieht. Eine Mitarbeit des Menschen im religiösen Sinne lehnt Luther von vornherein radikal ab, denn Gerechtigkeit und Heiligung sind für ihn passive Geschenke Gottes, die der Mensch ohne Gegenleistung entgegennehmen soll. Das passive Verständnis entspricht Luthers Anlage, nicht aus Einsicht in die Logik, sondern aus augenblicklichen Impulsen heraus zu handeln.

Im Griechischen unterscheidet man zwischen der inneren Entscheidung, dem Arbitrion, und dem tatbereiten Willensvorgang, dem eigentlichen thelema. Hier liegt ein Missverständnis nahe, auf das Luther beim Übersetzen nicht weiter eingeht, zum Beispiel im 1. Brief an die Korinther 3,9: »Denn wir sind Gottes Mitarbeiter (*synergoi*), ihr seid Gottes Ackerwerk und Gottes Bauwerk.« Luther kennt zwar ein Miteinander von Menschen unter dem Walten der göttlichen Gnade, aber er lehnt ein Zusammenwirken des Menschen mit Gott oder ein Mitwirken des Menschen beim Erwerb der Gnade ab, deren Verteilung Gott sich vorbehalten hat.

Erasmus studierte aufmerksam Luthers Verlautbarungen, vor allem die Schrift *Von der Freiheit eines Christenmenschen* (1520). Im Jahre 1524 veröffentlicht er seine Kritik an Luthers Lehre unter dem Titel *De libero arbitrio* (eigentlich »Von der freien Entscheidung«). Schon in der Vorrede argumentiert er ähnlich wie Melanchthon, der übrigens auch die Mitbeteiligung des freien Willens lehrte:

Selbst wenn es wahr wäre, was Wyclif gelehrt und Luther bekräftigt, dass alles Tun aus Notwendigkeit geschieht ohne freien

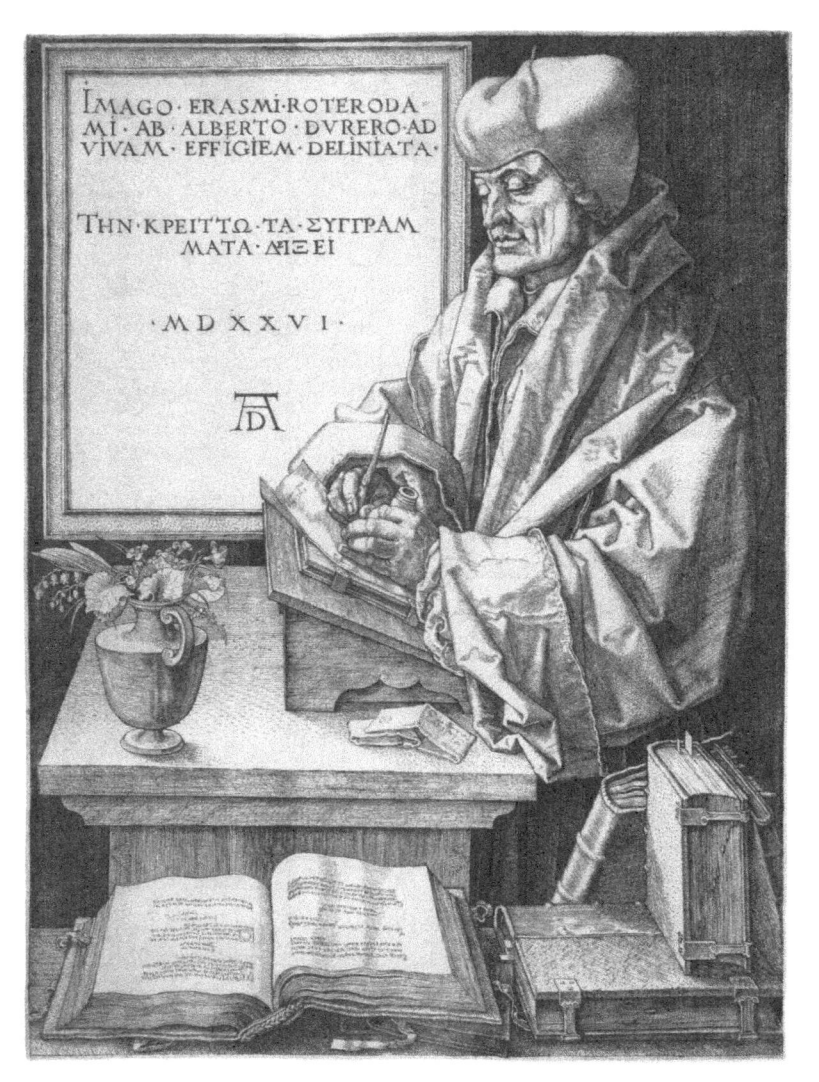

»Bildnis des Erasmus von Rotterdam, angefertigt von
Albrecht Dürer, gemäß dem lebendigem Vorbild – sein
Besseres Bild wird von seinen Schriften gezeichnet werden.«
Kupferstich 1526. © Fletcher Fund, 1919

Willen – was könnte unzweckmäßiger sein als die öffentliche Bekanntgabe dieser widersinnigen Behauptung?

Erasmus durchschaut die Unlogik: Wer die Mithilfe des Menschen zum Erringen der Gnade ausschließt, macht ihn bequem im Glauben:

> Für Erasmus bestätigen die Heilige Schrift, die Philosophen und der gesunde Menschenverstand, dass der Wille frei ist. Wozu brauchte sonst die Schrift zu tadeln und zu ermahnen oder den Gehorsam zu preisen? Die Gerechtigkeit und die Barmherzigkeit Gottes haben keinen Sinn ohne einen Rest von Wahlfreiheit auf Seiten des Menschen.[80]

Luther versteht diese Warnung nicht, sondern verfasst gleich 1525 seine umfangreiche Gegenschrift *De servo arbitrio* (Vom unfreien Willen), die 1526 im Druck erscheint. Dort steht zu lesen:

> Der freie Wille ist der größte Feind der Heilsgerechtigkeit. Der menschliche Wille steht zwischen Gott und dem Satan [...] wie ein Pferd, das einen Reiter haben muss. Wenn Gott ihn reitet, geht er, wohin Gott will. [...] Wenn Satan ihn reitet, geht er, wohin Satan will. Es steht nicht in seinem Belieben, den einen oder den andern zu wählen [...] Die beiden kämpfen vielmehr darum, wem er gehören soll.[81]

In Luthers Vorstellung erfolgt die Rechtfertigung außerhalb des Menschen vor einem fernen, dem Menschen unerreichbaren Forum, auf »forensische« Art, wo Gott und Satan um jede Seele kämpfen; eine Anschauung, die vor einer verantwortungsbewussten Kultur kaum bestehen kann. Für Erasmus verhält sich das Wirken der Gnade in völlig anderer Weise, in schlichter und menschlicher Art:

---

[80] *Handbuch der Kirchengeschichte* IV, S. 149.
[81] Sprachlich leicht verändert zitiert nach BÖRGER, *Quellen zur Geschichte der Reformation*, S. 28.

Ein Vater hilft dem Kind, das noch nicht gehen kann, auf die Beine und zeigt ihm einen Apfel, der da drüben liegt, er hilft dem Kind hinzukommen, indem er es an der Hand führt. Und angekommen, gibt der Vater dem Kind den Apfel (zur Belohnung) in die Hand. Das Kind hat einiges geleistet, aber nicht alles; es hat keinen Grund, auf seine Kraft zu pochen, da es sein Dasein dem Vater verdankt.

Vor diesem warmherzigen, unmittelbar dem Leben abgewonnenen Bild erscheint es äußerst unpädagogisch, dass Luther die Beteiligung des Menschen an der Gnade kategorisch als verderblichen Synergismus ablehnte. Doch wen sollte die Mitwirkung des Menschen am Erwerb der Gnade stören oder gar gefährden? Erasmus hatte diese wichtige Frage ganz gelassen in seiner Schrift von 1524 vorgebracht. Diese Schrift las Luther zwar, gab sich aber wenig Mühe, die Einwände des Erasmus zu verstehen. Die positive Haltung des Friedensfreundes war ihm angesichts der konstitutionellen Verdorbenheit des Menschen zu flach, und so setzte er dem »freien Willen« des Erasmus sein derbes und in Eile geschriebenes Werk *De servo arbitrio* entgegen.

Erasmus hatte als erster bemerkt, dass Luther nichts von der Heiligung sagt, wenn er von Gerechtigkeit spricht, während sein Apostel Paulus die Heiligung mehrmals als Folge der Rechtfertigung erwähnt, am deutlichsten im ersten Brief an Timotheus, wo es um die Wiedereingliederung der Frau in die Gemeinde nach einer Geburt geht:

> Adam wurde nicht verführt, das Weib aber wurde verführt und hat die Übertretung eingeführt. Sie wird aber selig werden durch Kindergebären, wenn sie beständig bleibt im Glauben, in Liebe, in Gerechtigkeit und in der Heiligung und der Selbstzucht (1Tim 2,14–15).

Im Gegensatz zum passiven Empfang der Gerechtigkeit nennt Paulus hier Glauben und Lieben als Betätigen einer absichtlich gepflegten Heiligung.

18 Folgen der Reformation für Klöster und Gottesdienst

So wohltuend es für Luther ist, sich im Schutz der abgelegenen Wartburg dem Übersetzen widmen zu können, so sehr muss ihn beunruhigen, was er aus Wittenberg vernimmt. Dort haben sich radikale Männer nach vorn gedrängt und geben nun den Ton an: Die »Zwickauer Propheten« haben ihr eigenes Regiment errichtet. Ihnen ist Melanchthon nicht gewachsen. Ungelöste Fragen beunruhigen weiterhin die Wittenberger Gemüter, es geht vor allem um drei praktische Fragen:

1. Wie soll es mit den Klöstern weitergehen?
2. Wie soll der Gottesdienst in den neuen Gemeinden begangen werden?
3. Wie soll das Gemeindewesen (und die Honorierung der Geistlichkeit) verwaltet und gesteuert werden?

Die theologischen Disputationen hatten Folgen gezeitigt, welche die geistlichen Herren in den Klöstern, ob einfache Mönche oder Gelehrte, nicht vorgesehen hatten. Weil sich mit dem Kloster ihre Geborgenheit auflöst, geraten die Mönche in existenzielle Not: Schon bald fehlt es an Lebensmitteln, an Kleidung, an Heizmaterial; bei ihren Predigten haben sie kaum Zuhörer, denn die Gläubigen lassen es sich gern gefallen, mit dem neuen Glauben an eine unentgeltlich gewährte Gerechtigkeit beschenkt zu werden, um dann mit gefalteten Händen darauf zu warten, dass die Mönche von ihrem Glauben satt werden. Ausdrücklich wird es den Laien nach dem Willen der Reformer untersagt, an den plötzlich verarmten Mönchen gute Werke zu vollbringen!

In anderen Punkten macht sich ein weiteres Missverständnis des religiösen Übereifers geltend: Einige Pfarrer wollen das religiöse Leben der öffentlichen Meinung angleichen, um den Glauben völlig zu demokratisieren oder ganz zu planieren. Sie verlangen, man solle auf alle Wissenschaft und alte Sprachen verzichten; wichtig seien allein Frömmigkeit und Gebet. Andere lassen sich von Bauern oder Landstreichern die Schrift auslegen. Das musste jenen Theologen, die höchsten Wert auf das Sprachenstudium gelegt hatten, völlig wider den Strich gehen und Anlass zu Reaktionen geben.

Wo die Menge keine Richtschnur erhält, da biegt sie jede Neuerung nach ihrem Gutdünken und für ihre Bequemlichkeit zurecht. Rätselhaft ist Luthers langes Zuwarten bei der Einführung des neuen Gottesdienstes. Längst hat er liturgische Formen für verschiedene Lebensalter, hat Gebete zu Festen und Tageszeiten und eine größere Menge gut singbarer Lieder für verschiedene Zwecke geschaffen; selbst die Bausteine für eine deutschsprachige Messe hat er vorbereitet und hätte leicht mit den verbliebenen Mönchen und den Theologiestudenten ein vorbildliches Gemeindeleben in Wittenberg einrichten können. Aber keine der vorgeschlagenen Ideen wird verwirklicht. Stattdessen lässt Luther absichtlich kultische Gewänder verkommen und liturgische Geräte vergammeln, für die es im einfachen Predigtgottesdienst keinen Bedarf mehr gibt. Im Jahre 1524 wird ein Konzil speziell für die evangelischen Länder über die einheitliche Neuordnung des Gottesdienstes vorgeschlagen; Luther sagt seine Teilnahme ab, obwohl die »Rottengeister« und der in Gewalt ausartende Bauernkrieg eigentlich ein Konzil zur Glaubensstärkung erfordert hätten.

Luthers Arbeit an der neuen Messe zeigt, dass er besondere Gottesdienste für drei verschiedene Arten von Teilnehmern vorsieht:

1. Die »Formula Missae«, eine überarbeitete lateinische Messe für die Städte mit Lateinschulen, deren Schüler die Messe verstehen und mittragen können.
2. Eine deutschsprachige Messe für »einfältige« Laien und für »viele, die noch nicht glauben oder Christen sind, sondern von denen der größere Teil dasteht und gafft – gerade, als ob wir mitten unter den Türken und Heiden auf einem freien Platz oder Feld Gottesdienst hielten« (WA 19,74).

3. Für solche, »die mit Ernst Christen sein wollen und das Evangelium mit Hand und Mund bekennen«, genüge eine einfache Ordnung, die »nicht viel und groß Gesänges bedürfe« (WA 19,76). Als Bekenntnisgemeinschaft treffen sich die ernsthaften Christen in einem Privathaus zu Gebet, Schriftlesung und Sakrament (= Abendmahl) »und anderem christlichen Werk«. Für diesen Kreis wolle er noch keine Ordnung schaffen, »denn es fehlen mir die Leute dazu«. Habe sich erst die Kerngemeinde gebildet, wären die Ordnungen und Weisen bald gemacht.

Aus diesen Bemerkungen schloss der Kirchenhistoriker Erwin Iserloh, Luther habe an drei Arten von Gemeinden gedacht. Aber sollte hier nicht etwas anderes vorliegen? Luther hat zunächst drei Gottesdienstfassungen für die Gemeinden vor Augen, um sich später endgültig für eine Fassung zu entscheiden; ging es doch in erster Linie um den Sonntagsgottesdienst für die ganze Gemeinde, für junge und alte Leute gemeinsam.

19 Die neue Messe und der religiöse Alltag

Vergleicht man die neue Ordnung mit der alten Messe, so fallen große Lücken ins Auge. In der Transsubstantiation, der Wandlung von Brot und Wein, ist mit wichtigen Gebeten der ganze Canon Missae samt den Einsetzungsworten weggefallen. In der gekürzten Form entspricht die Opferung der den Reformatoren gemeinsamen Überzeugung, das von Christus am Kreuz dargebrachte Opfer sei so groß, dass es alle Zeiten überdauere, während die alte Auffassung besagte, die Messe sei die unblutige Wiederholung des blutigen Opfers von Golgatha. Luther setzt sich klar in Widerspruch zu seinen eigenen Äußerungen, da er – schon vor 1529 in Marburg – für die Einsetzungsworte die Realpräsenz Christi in Anspruch genommen hatte, jetzt aber auf den gesamten Canon Missae verzichtete. Wie konnte ihm die Gegenwart Christi unwichtig werden, wie konnte er ohne Skrupel das Herzstück der Messe, die heiligen Gebete des Opfers und der Wandlung, hingeben?

Am wenigsten dürfte Luther bedacht haben, dass es sich bei dem Canon Missae um einen inspirierten Text der Urgemeinde handelte. Luther ließ sich mit der Änderung auf den bedenklichen Widerspruch zu der jahrhundertelang gültigen Inspiration des vollständigen Messetextes der Jakobusliturgie ein, für deren übersinnliche Gabe man im Urchristentum dem Auferstandenen dankte. In der Schrift über die lateinische Formula Missae[82], die er für die Jugend einrichtete, empfahl Luther 1523 das Büchlein mit den neuen Liedern; dazu führte er aus:

> Deutsche Lieder wünschte ich uns möglichst viele, dass sie das Volk unter der Messe sänge. Denn wer will zweifeln, dass früher die ganze Gemeinde gesungen hat, was jetzt nur der Chor singt?

---

[82] *Formula Missae et Communionis pro Ecclesia Vuittembergensi.* Wittenberg 1523.

Das sage ich, dass sich deutsche Dichter, wo sie auch sind, aufraffen und uns fromme geistliche Lieder reimen.[83]

Wie durch die Predigt, so soll auch durch die deutschen Lieder die Verbindung mit der Gegenwart gepflegt werden. Vielleicht ohne Kenntnis von Luthers Einladung hat sich dreihundert Jahre später (im Januar 1827) Goethe gegenüber Eckermann zum Thema des Mitwirkens am Gesangbuch geäußert:

> Es ist eigen, ich habe doch so mancherlei gemacht, und doch ist keins von allen meinen Gedichten, das im lutherischen Gesangbuch stehen könnte.[84]

Nahe benachbart zu neuen Gottesdienstformen ist für Luther die Pflege des religiösen Lebens im Haus. Zu diesem Bereich trug vor allem Philipp Melanchthon mit vielen Beiträgen bei, was ihm den Ehrennamen »Praeceptor Germaniae« (Lehrer Deutschlands) eintrug. In seinem Haus gewährte Melanchthon stets einigen jungen Studenten Unterkunft, die er auf die Universität vorbereitete.

Den Kindern im Haus wird das Lernen erleichtert, indem man ihnen am Morgen ein Stück aus der Bibel oder einen Artikel aus dem Katechismus vorliest und sie den Inhalt des Gelesenen bei der nächsten Unterweisung mit ihren eigenen Worten wiedergeben lässt.[85] Oder man sagt ihnen eines der zehn Gebote, einen Satz aus dem Glaubensbekenntnis oder eine Bitte des Vaterunsers vor und lässt sie nun die Anwendung oder Luthers Auslegung dazu aufsagen und schreiben, etwa so:

---

[83] Zitiert nach BÖRGER, *Quellen zur Geschichte der Reformation*, S. 25.
[84] Als namhaften Dichter findet man heute im Gesangbuch Friedrich von Hardenberg, der sich selbst Novalis nannte; auf Grund ihrer Sprachbeherrschung zählen wir zu den echten Dichtern außerdem Paul Gerhardt, Matthias Claudius sowie Martin Luther, dessen Lieder bis heute gut singbar sind, weil sie von barocker Süßlichkeit frei geblieben sind.
[85] Hier und im Folgenden: Vorrede zur *Deutschen Messe*, zitiert nach *Luther Deutsch* Bd. 6, S. 91 ff.

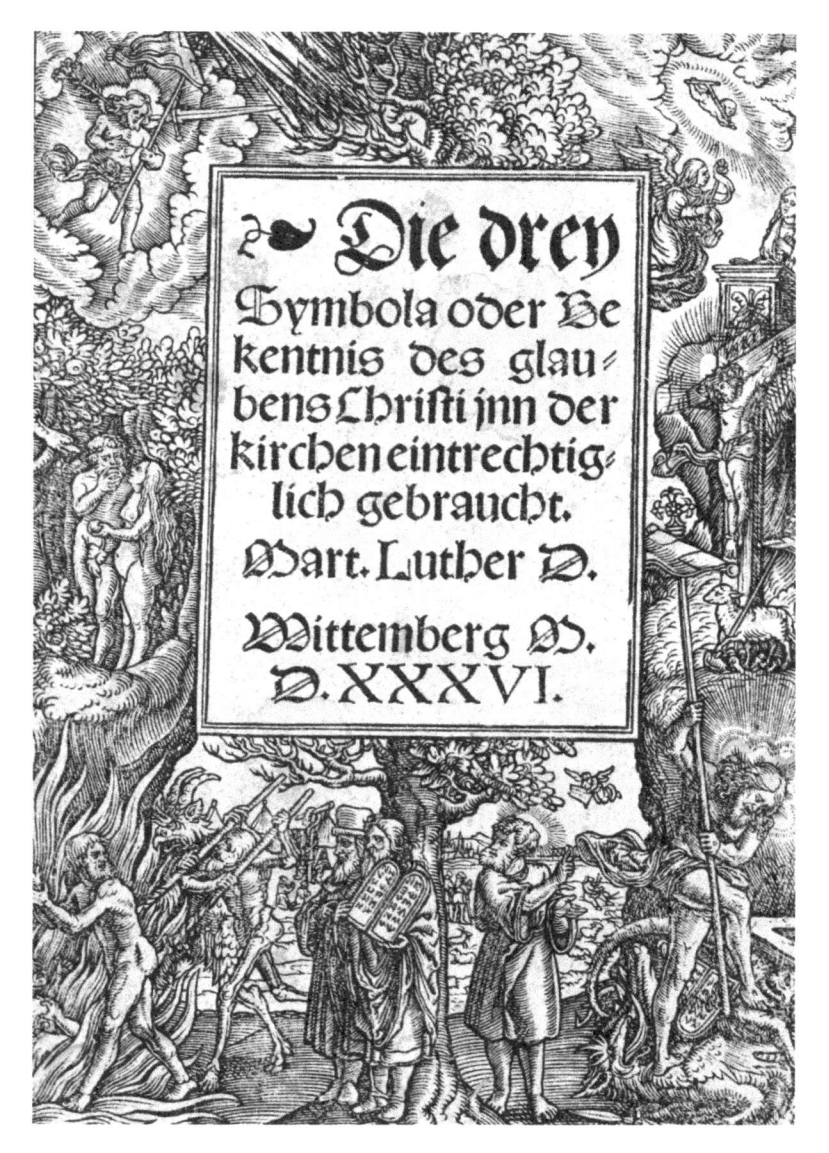

»Die drey Symbola oder Bekentnis des glaubens Christi …«
Wittenberg (Hans Weiß), 1538 (?). © akg-images

Ich bin der Herr, dein Gott. Du sollst nicht andere Götter haben neben mir.
Was ist das? Wir sollen Gott über alle Dinge fürchten, lieben und vertrauen.[86]

In den Texten begegnen uns bisweilen ungewohnte und seltene Wendungen; so ist am Ende von Luthers Erläuterung zum Glaubensbekenntnis außer vom Leben auch vom Sterben die Rede:

Ich glaube, dass nach der Auferstehung ein ewiges Leben der Heiligen und ewiges Sterben der Sünder sein wird und zweifle [...] nicht, der Vater werde mir durch den Sohn, Jesus Christus, unsern Herrn, [...] in dem Heiligen Geist diese Stücke alle geschehen lassen. Das heißt Amen, das ist, es ist treulich und gewiss wahr.[87]

Für die Kinder weiß Luther eine einfache Gedächtnishilfe: er lässt sie aus aktuellen Texten die wichtigsten Sätze von weniger wichtigen Sätzen trennen: die ersteren sind die goldenen Körner, die in ein goldenes Säcklein, die anderen die silbernen Körner, die in ein silbernes Säcklein zu stecken sind. Auf diese Weise lernen die Kinder wie im Spiel beim Lesen das Wesentliche vom Unwesentlichen zu unterscheiden. Der *Kleine Katechismus* ist als Leitfaden für die mündliche Unterweisung gedacht. Erst 1529 verdichtet er sich ebenso wie sein großer Bruder zum Buch. Dank ihrer prägnanten Formulierungen leben sich die beliebten Texte gut in die religiöse Unterweisung der Kinder ein und rücken bald zum Rang von Bekenntnisschriften auf.

---

[86] LUTHER, *Der Kleine Katechismus* (1529), zitiert nach *Luther Deutsch* Bd. 6, S. 142.
[87] *Luther Deutsch* Bd. 6, S. 21.

20 Der Bauernkrieg 1525

In die gleiche Zeit wie die friedlichen Überlegungen zur Ausgestaltung des religiösen Lebens fielen jene flächendeckenden Unruhen, die man unter dem Namen Bauernkrieg zusammenfasst. Bereits im Lauf des 14. Jahrhunderts hatte es hier und da örtlich begrenzte Erhebungen gegeben, wenn die Adligen die Arbeitskraft der Bauern zu stark strapazierten. In der Zeit von 1450 bis 1514 soll es allein zwölf solcher Aufstände gegeben haben. Ab 1524 weiteten sich die lokalen Aufstände deutlich aus. Als hätte Luthers Schrift *Von der Freiheit eines Christenmenschen* mit ihrer Argumentation, dass »ein Christenmensch ein Herr über alle Dinge und niemandem untertan sei«, den Verschluss einer unter Druck stehenden Flasche gesprengt, so rasen die Aufstände durch das Land. Im Allgäu haben fünfzig Bauernführer unter Mitwirkung von Christoph Schappeler zwölf Artikel aufgesetzt, die ihre Forderungen auf friedliche Weise bekunden. Luther fühlt sich zum Eingreifen genötigt und appelliert in seiner Schrift *Ermahnung zum Frieden auf die Zwölf Artikel der Bauernschaft in Schwaben* (1525) an ihr Gewissen, ihre Forderungen mit dem Glauben in Übereinstimmung zu bringen:

> [...] so lasst euch um Gottes willen sagen und raten und greift die Sache an, wie solche Sachen anzugreifen sind, das ist mit Recht und nicht mit Gewalt noch mit Streit, auf dass ihr nicht ein unendlich Blutvergießen in deutschen Landen anrichtet. Denn weil ihr zu beiden Teilen im Unrecht seid und dazu euch selbst noch rächen und schützen wollt, werdet ihr euch auf beiden Seiten verderben.[88]

---

[88] Zitiert nach ALAND, *Reformation Martin Luthers*, S. 102.

Der Aufstand erfasst in Windeseile Oberdeutschland vom Elsass bis zum Main, dazu Thüringen und Sachsen und die Alpenländer Allgäu, Tirol, Salzburg und die Steiermark. Es treten Zustände ein wie am Jüngsten Tag: Wo Aufständische von den kaiserlichen Aufsehern gestellt werden, wird ihnen vor Frau und Kind der Kopf abgeschlagen, andere müssen in der Glut verbrannten Eigentums niederknien, um ihre Strafe zu büßen. »Die neuere Forschung hat die Meinung Leopold von Rankes bestätigt, dass die Durchführung des Wormser Edikts durch die zu Regensburg vereinigten Regierungen zu diesem plötzlichen Aufflammen vieles, vielleicht das meiste beigetragen habe.«[89]

Luther redet nicht nur den Bauern ins Gewissen, sondern auch den Landesfürsten. Er fordert sie auf, gegen die aufständischen Bauern sofort und notfalls mit Gewalt einzuschreiten, um die Erhebung so schnell wie möglich niederzuschlagen. Wegen seiner Schrift *Wider die räuberischen und mörderischen Rotten der Bauern* wird Luther damals wie heute heftig gescholten: »Es sind nur wenige Seiten, aber sie haben ihn zu einem in ganz Deutschland verhassten Mann gemacht, und wer das Wesen dieses religiösen Genius nicht versteht, schüttelt noch heute den Kopf darüber.«[90] Ihn zu verurteilen liegt nahe in einer Friedenszeit, in der man jede Störung als Bedrohung der eigenen Existenz empfindet. Der Aufstand, dem sich viele Stadtbewohner zur Unterstützung der Bauern anschlossen, übertraf alles bisher Gewesene; es handelte sich um »die größte soziale Erhebung der deutschen Geschichte«, wie der bekannte Historiker Gerhard Ritter festgestellt hat.[91]

War es richtig, die Bauern so hart zurechtzuweisen, wie Luther es tat? Man kann es bezweifeln und denen Recht geben, die Luther vorwerfen, er habe die Sache der unterdrückten Bauern verraten, die ihren Aufstand sorgfältig vorbereitet und organisiert hatten und alle Kontakte nutzten, um sich nicht vorwerfen zu lassen, sie seien planlos vorgegangen. Luther selbst verteidigt in einer Predigt seine strenge Haltung gegen die Unruhestifter: Ein Prediger habe nicht nur den

---

[89] RITTER, *Luther*, S. 146.
[90] RITTER, *Luther*, S. 150.
[91] RITTER, *Luther*, S. 152.

Heiligen Geist zu verkündigen, sondern müsse auch eine Gesetzespredigt halten, selbst wenn sie »Schrecken, Zagen, Verzweiflung und den ewigen Tod bringt: diese Predigt ist auch nötig, denn für die harten Köpfe und rohen frechen Leute muss man Moses mit seinem Gesetz haben und Meister Hansen [den Scharfrichter] mit Ruten, Feuer, Schwert und Galgen«. Luther hat offenbar keine hohe Meinung von den Aufständischen, spürt aber die Last einer großen Verantwortung: sein Gewissen fordert ihn heraus, selbst bei geborstenem Damm die Überflutung des Landes zu verhindern. Tief fühlt er sich mit den Aufständischen verbunden, wie ein Brief an seinen Freund Nikolaus von Amsdorf kurz nach der Niederlage von Frankenhausen (1525) verrät:

> Ich wünsche zwar, dass den Bauern ein gesunder Sinn gegeben wird, fürchte aber, dass der Zorn Gottes über die Verstockten und Verblendeten eine schwere Niederlage bringen wird. Sie kämpfen mit einem sehr schlechten Gewissen, dann sind auch viele von ihren Bundesgenossen mit Gewalt gezwungen und gegen ihren Willen dabei.[92]

Offenbar will Luther nachträglich die Niederlage entschuldigen; als Gewissenskenner muss er zugeben, dass einem schlechten Gewissen die Kraft zum Kämpfen fehlt. Philipp von Hessen betrieb mit Hilfe der antihabsburgischen Länder Frankreich und Bayern die Einführung der Reformation in Württemberg. Bisweilen griff die Politik drastisch in die Religion ein. Das hatte Kaiser Karl schon immer gewollt: nach seiner Meinung sollten sich alle Probleme mit Waffengewalt leicht lösen lassen. Mit dem Sieg des hessischen Heeres bei Lauffen am Neckar gegen den österreichischen Statthalter im Sommer 1534 verhalf Philipp dem vertriebenen Herzog Ulrich aus Württemberg zur Rückkehr. Herzog Ulrich führte umgehend die Reformation ein und war der erste protestantische Fürst seines Territoriums. Es ist dasselbe Jahr, in dem Luthers Bibelübersetzung als gedrucktes Buch fertig vorliegt.

---

[92] M. LUTHER, Brief vom 12.6.1525, aus: *Luther Deutsch* Bd. 10.

21 »Von dem Gottesdienst« 1526

Schon vor dem Wormser Reichstag hatte Luther sich Gedanken über einen neuen Gottesdienst für die Gemeinden gemacht, die sich aus der römischen Kirche lösten. In den vier Grundschriften des Jahres 1520 herrschte aber noch die Kritik an der römischen Messe und an der Kirche vor. Nun ging es um den positiven Aufbau des neuen Gottesdienstes.

Zunächst ließ Luther alles zu, was derzeit in den Städten probiert wurde. In zwei Schriften des Jahres 1523, *Von ordenung gottesdiensts* und *Formula missae et communionis*, stellte er dann verschiedene Möglichkeiten vor, hatte doch jede Stadt ihre Sonderwünsche, sodass man das Neue weder unter allgemeine Begriffe noch in einheitliche Formen fassen konnte. Im Jahr 1524 erschien dann das erste evangelische Gesangsbuch *Enchiridion*.

Frühe reformatorische Gottesdienstordnungen gab es in folgenden Städten: 1522 in Nördlingen, 1523 in Basel und 1524 Worms. Ebenfalls 1524 führten Martin Bucer Deutsche Messen in Straßburg und Thomas Müntzer in Allstedt ein; die Kirchenordnung, die Andreas Osiander mit Andreas Döber schließlich 1525 in Nürnberg begründete, gibt neben Bugenhagens Ordnung den Ton für Norddeutschland an.[93]

Angesichts der zahlreichen Vorschläge entschließt sich Luther dazu, die Messe selbst neu zu gestalten. Er geht vom klösterlichen Stundengebet aus, das er nicht für den Alltag, doch für besondere Feiertage empfiehlt. Für den Ablauf der Messe schlägt Luther diese Reihenfolge vor: Auf Eingangslied oder Eingangspsalm folgen Kyrie eleison und Kollektengebet,[94] danach wird die Tages-Epistel verlesen,

---

[93] Vgl. Wikipedia, »Deutsche Messe (Gottesdienst)« (Zugriff 6.1.2015); vgl. auch SMEND, *Die evangelischen deutschen Messen*.

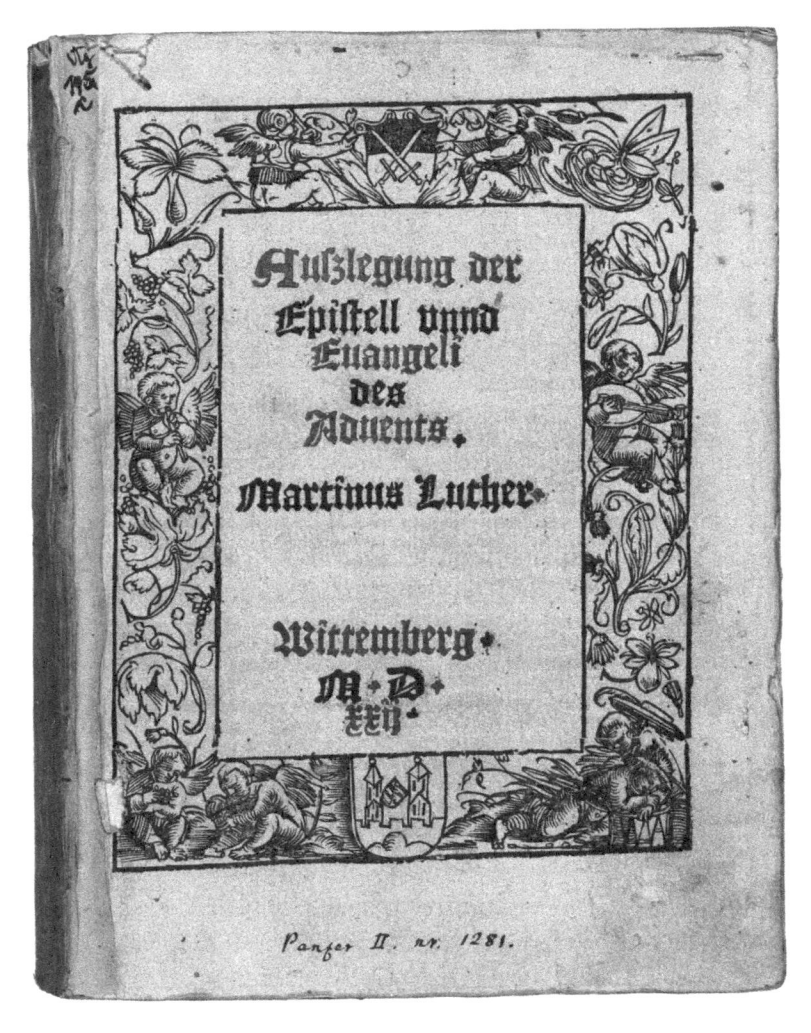

»Außlegung der Epistell vnnd Evangeli des Advents. Martinus Luther«
Wittenberg (J. Grunenberg), 1522. © akg-images

anschließend das gesungene Graduale, die Lesung des Evangeliums und das gesungene Glaubensbekenntnis, für das Luther eine dorische Melodie schuf.

Darauf folgen Predigt und Vaterunser und die Vorbereitung der Kommunion – ohne Opfer- oder Wandlungsgebet wird also zum letzten Teil der Messe übergegangen, dem Austeilen von Brot und Wein. Wörtlich heißt es:

> Früh um fünf oder 6 singt man etliche Psalmen zur Mette. Danach predigt man die Epistel des Tages: »am meisten um des Gesindes willen, dass die auch versorgt werden« [...] Danach einen Wechselgesang und abwechselnd das Te Deum laudamus oder Benedictus, [...] mit einem Vaterunser, Kollektengebet und Benedicamus Domino. Während der Messe, um 8 oder 9, predigt man das Evangelium, das die Zeit durchs Jahr hindurch ergibt. Nachmittags zur Vesper vor dem Magnifikat predigt man das Alte Testament [...] Dafür aber, dass wir die Episteln und Evangelien nach der Zeit des Jahres eingeteilt wie bisher gewohnt behalten, ist das die Ursache: Wir wissen nichts Besonderes an dieser Weise zu tadeln.[95]

Wittenberg war für neue Formen des Gottesdienstes besonders gut geeignet, weil dort Studenten für das Pfarramt in jenen Städten ausgebildet wurden, deren Gläubige die alte Ordnung gewohnt waren. Die kursorische Lektion des Morgengottesdienstes wurde demselben Evangelium entnommen wie die Lesung in der neuen Messe. Die genannten Gottesdienstordnungen unterscheiden sich in vielen Punkten. Zu bemerken ist, dass man die Perikopenordnung (Auswahl von Bibelabschnitten für die regelmäßige Lesung im Gottesdienst) trotz ihrer Mängel bis heute beibehalten.

---

[94] Oder »Kollekte«: keine Geldsammlung, sondern das Gemeindegebet, in dem der Geistliche alle einzelnen Anliegen oder Segenswünsche gesammelt vorbringt.

[95] *Luther Deutsch* Bd. 6, S. 93 ff.

Des Montags und Dienstags früh geschieht nämlich eine deutsche Lektion von den zehn Geboten, vom Glauben und Vaterunser, von der Taufe und dem Sakrament, dass diese zwei Tage den Katechismus in seinem rechten Verständnis erhalten und stärken. – Des Mittwochs früh ist eine deutsche Lektion, dazu ist der ganze Evangelist Matthäus bestimmt, dass der Tag sein eigen sein soll, weil er ja ein besonders feiner Evangelist ist, die Gemeinde zu lehren, und [er] die gute Predigt Christi, auf dem Berge gehalten, beschreibt und sehr zur Übung der Liebe und gutem Werk anhält. Aber der Evangelist Johannes, welcher besonders gewaltig den Glauben lehrt, hat auch seinen eigenen Tag, den Sonnabend nachmittags zur Vesper, so dass wir also mit zwei Evangelisten in täglichem Umgang stehen. Den Donnerstag und Freitag frühmorgens haben die täglichen Wochenlektionen in den Episteln der Apostel und was mehr im Neuen Testament ist. Hiermit sind die Lesungen und Predigten genug bestellt, das Wort Gottes im Schwang zu halten [...].[96]

Wie man sieht, ist Luthers frühere Kritik am freien Willen und am Mitwirken des Menschen hier positiv verwandelt: Jetzt gelten Lob und Anbetung Gottes als verdienstliches Werk.

---

[96] *Luther Deutsch* Bd. 6, S. 93 ff.

22 Katechismen – Visitationen – Landeskirchen

Im Oktober 1525 eröffnet Luther seinem Kurfürst Johann dem Beständigen, dem erst im Mai gekürten Nachfolger Friedrichs des Weisen, seine große Sorge: Angesichts der elenden Zustände in den Pfarreien sei es nicht zu umgehen, »eine tapfere Ordnung«[97] durchzuführen. Ein Jahr darauf wiederholt er seine flehentliche Mahnung:

> Erstlich [...] ist das Klagen der Pfarrherrn fast an allen Orten über alle Maß viel. Da wollen die Bauern schlechterdings nichts mehr geben [...] Und wenn ichs mit gutem Gewissen zu tun wüsste, möcht ich wohl dazu helfen, dass sie keinen Pfarrherrn noch Prediger hätten und lebten wie die Säue, wie sie es ohnehin tun: da ist keine Furcht Gottes noch Zucht mehr, weil des Papstes Bann aufgehört hat, und tut jedermann, was er nur will.[98]

Zwei Jahre später erlässt Kurfürst Johann eine Instruktion zur Visitation, vorgenommen durch vom Landesherrn ermächtigte Theologen und Beamte: auf dass »keine Störungen der evangelischen Lehre auftreten, das Kirchengut ordentlich verwaltet«, die Pfarrherren gewählt und »regelmäßig besoldet« werden. Es soll kein Mensch zum Glauben gezwungen, aber jeder schädliche Aufruhr vermieden werden.

Genauere Anweisungen stellt Melanchthon in seinem *Unterricht der Visitatoren an die Pfarrherrn* von 1528 zusammen, den Luther mit einer Vorrede versieht. Darin betont er, weil es die Aufgabe eines Bischofs sei, Aufseher und Visitator zu sein, darum müsse das Amt des Bischofs wiederaufgerichtet werden.[99]

---

[97] *Handbuch der Kirchengeschichte* IV, S. 240.
[98] Brief vom 22. November 1526, in: *Luther Deutsch* Bd. 10, S. 171.
[99] Zusammengefasst nach *Handbuch der Kirchengeschichte* IV, S. 240 ff.

Denn hier klafften Ideal und Realität deutlich auseinander. Die Neugestaltung des kirchlichen Lebens war dadurch geschwächt, dass sich unter den zum evangelischen Glauben übergetretenen Geistlichen viele Pfarrer fanden, aber kein einziger Bischof. Luther war zu bescheiden, sich selbst als Bischof an die Spitze zu stellen. Ihm erschien als einziger Ausweg, jedem Landesherrn zum weltlichen Regiment hinzu das kirchliche Regiment anzuvertrauen. Ohnehin vertraute Luther den politischen Regenten mehr als dem berüchtigten »Herrn Omnes« (Jedermann, gemeint ist der »Pöbel«) mit seiner Zerstörungswut auf alles Überkommene.

Die Durchführung der Visitation zeigte in allen Pfarrämtern eine weit verbreitete Unkenntnis in Glaubensdingen. Das deprimierende Ergebnis weckte bei Luther und Melanchthon den Plan, die Kinder in den Gemeinden gründlich zu unterrichten – und zwar mit Tafeln, die der Lehrer zur optischen Unterweisung in die Klasse oder der Pfarrer zur Gemeindeversammlung mitbrachte. So gab es den *Kleinen Katechismus* zunächst in Gestalt einzelner Tafeln; erst unter dem enttäuschenden Ergebnis der Visitation von 1529 wurde daraus ein gedrucktes Buch für den erweiterten Leserkreis.

Es hatte sich gezeigt, dass für den Aufbau der neuen Kirche tüchtige Spitzenleute nötig waren, womöglich aus den eigenen Reihen. Außer den Geistlichen vor Ort wurden geeignete Berater für die Amtsbrüder gebraucht, sogenannte Superintendenten. Sie hatten auf die Einhaltung der Kirchenzucht zu achten und bildeten gemeinsam mit rechtskundigen Räten das »Konsistorium«, das teilweise gleiche Aufgaben hatte wie der Bischof – eine Einrichtung, die bis heute besteht. Es musste rasch gehandelt werden; man konnte nicht warten, bis die Gemeinden wahlfähig strukturiert und organisiert waren. So wurden nach dem Bauernaufstand alle evangelischen Landesfürsten im Jahre 1526 zu »Notbischöfen« erklärt. Die evangelischen Gemeinden in weit entfernten Städten mussten sich erst dessen bewusst werden, dass sie zusammengehörten und eine gemeinsame Führung brauchten.

Es dauerte lange Jahre, bis sich die neuen Gemeinden evangelischen Glaubens unter einem Bischof zu einer Kirche vereinten. Das sogenannte landesherrliche Kirchenregiment endete erst 1919 mit der Weimarer Verfassung.

Der Wahl von Notbischöfen sollte auch heute das richtige Verständnis entgegengebracht werden. Dafür ist eine von Gerhard Wehr überlieferte Bemerkung des früheren Bundespräsidenten Gustav Heinemann hilfreich, der 1971 mit seiner Rede zum 450. Jahrestag des Wormser Reichstags einen kräftigen Akzent zum Neuanfang setzte:

> Die Abstützung der lutherischen Reformation auf die Landesfürsten und Magistrate behinderte die gebotene Entwicklung der neuen Kirchen zu Gemeindekirchen von gleichgestellten Gliedern. Sie behinderte darüber hinaus mittelbar auch eine staatsbürgerliche Gleichstellung, wie sie einer Demokratie eigen ist.[100]

Heute erst, ein halbes Jahrhundert nach der Rede des streitbaren Demokraten, ist Verständnis vorhanden für eine Kirchenform, die sich gleich weit entfernt hält von monarchischer Diktatur und demokratischer Gleichmacherei, vielmehr auf echt republikanisch gewählte Verantwortungsträger baut.

Einen markanten neuen Stand gewann die reformatorische Bewegung durch den zweiten Speyerer Reichstag, der am 15. März 1529 eröffnet wurde. Der Kaiser hatte sich mit dem Papst versöhnt, der Friede mit Frankreich stand bevor, die Türkenhilfe war wieder vordringlicher Verhandlungspunkt. Die katholische Seite schlug vor:

> Alle Wiedertäufer und Wiedergetauften, Männer und Frauen verständigen Alters, sollen vom natürlichen Leben zum Tod mit dem Feuer, Schwert oder dergleichen [...] ohne vorausgehende Inquisition der geistlichen Richter gebracht werden.[101]

---

[100] Zitiert nach WEHR, *Umstrittene Reformation*, S. 98.
[101] Aus den Deutschen Reichstagsakten (RTA) VII (Stuttgart 1935), zitiert nach *Handbuch der Kirchengeschichte* IV, S. 253.

Aus: M. Luther, Großer Katechismus, Holzschnitt, Leipzig 1588.
© akg-images

Und das Wormser Edikt soll dort, wo es anerkannt ist, weiter gültig bleiben. Wo die neue Lehre eingeführt ist und ohne Aufruhr nicht beseitigt werden kann, soll jede weitere Neuerung bis zu einem allgemeinen Konzil verhütet werden, auch sollen Lehren und Sekten, die sich gegen das Sakrament des Leibes und Blutes Christi wenden, nicht zugelassen werden. Gegen ein solches, der kaiserlichen Großzügigkeit massiv widersprechendes Vorhaben mussten die protestantischen Fürsten, Länder und Städte vehement protestieren. Trotzdem wurde der Reichstags-Abschied von 1526 für gültig erklärt und am 22. April unterzeichnet. Seit ihrem entschiedenen Protest auf diesem Reichstag nennt man die Lutheraner Protestanten.

23 Das Marburger Religionsgespräch und die Schweizer Reformatoren

Ein Blick auf die Schweizer Reformation kann das Verständnis des Marburger Religionsgespräches von 1529 erleichtern.[102] Waren die eidgenössischen Reformer gegenüber den Vertretern der alten Kirche zunächst zu Zugeständnissen bereit, so waren andererseits einige Reformwillige schon früh Änderungen zugänglich. Zu ihnen gehörte der Basler Domprediger WOLFGANG CAPITO, der schon 1516 (ein Jahr vor Luthers Thesenanschlag!) in einem Gespräch mit Zwingli die Möglichkeit erörterte, den Papst zu stürzen. Als Humanist hatte Capito bereits eine hebräische Grammatik und den hebräischen Psalter veröffentlicht, dazu hatte er 1517 in Basel alle bis dahin erschienenen Schriften Luthers herausgegeben, versehen mit einem eigenen Vorwort. Durch Erzbischof Albrecht 1520 nach Mainz berufen, sucht er diesen für Luther günstig zu stimmen; zugleich gibt er Luther den dringenden Rat, seine Heftigkeit zu mäßigen, um den Erzbischof, Luthers Gegenspieler im Kampf gegen den Ablass, nicht vor den Kopf zu stoßen. Statt auf Umsturz ist Capito auf Verbesserung des Bestehenden bedacht. 1522 gewinnt Luther ihn für die entschiedene Reformation und gibt ihm Klarheit über das Abendmahl.

Im Unterschied zu Deutschland, wo die Nöte der Neuordnung allein auf Luthers Schultern ruhen, bleiben die Schweizer Reformatoren mit ihren Stadtvätern im Gespräch und können ihre Vorschläge auf öffentlicher Basis einbringen. So lässt sich der ehemalige Heidelberger Dominikanermönch MARTIN BUCER, der sich bei Luthers Heidelberger Disputation 1518 für Luther begeistert hatte, von seinem Ordensgelübde entbinden und findet vor den Nachstellungen der Dominikaner bei FRANZ VON SICKINGEN auf der Ebernburg Zuflucht.

---

[102] Hier und im Folgenden richten wir uns nach dem *Handbuch der Kirchengeschichte* IV, S. 254 ff.

Der Ritter verschafft ihm die Stelle des Hofkaplans bei dem Pfalzgrafen in Bruchsal, dann schließt sich Bucer der freien lutherischen Bewegung an, nimmt 1522 eine ehemalige Nonne zur Frau, dient der Gemeinde in Landstuhl als Prediger und gründet in Weißenburg dank seiner »kernhaften und einfachen Predigt«[103] eine evangelische Gemeinde, wo er bis zum Abschied von Sickingen bleibt.

Nach Sickingens Tod und nachdem ihn der Bischof von Speyer exkommuniziert hat, verlässt er auf Bitten des Rates von Weißenburg die Stadt. Danach erhält er 1523 eine Pfarrstelle in Straßburg. Mit Wolfgang Capito und Matthäus Zell erwirkt er beim Rat der Stadt den Beschluss, dass in Straßburg künftig nur das Evangelium und das Wort Gottes gepredigt werden dürfen. Zu dritt betreiben sie die Reformation Straßburgs, zunächst die Erhebung des Thomasstiftes zu einer Predigerschule 1524, womit sie die Gründung der Universität 1566 vorbereiten. Als am Gründonnerstag, dem 13. April 1525 das Abendmahl zum ersten Mal als »Danksagung und Wiedergedächtnis des Leidens Christi« begangen wird, hat die Reformation in Zürich ihren endgültigen Durchbruch erreicht. Im Abendmahlsstreit zwischen Luther, Karlstadt und Zwingli sucht Capito zu vermitteln: Man solle sich am Zweck des Nachtmahls, nämlich an »Betrachtung und Gedächtnis Christi«, genügen lassen und nach dem Was nicht weiter fragen; die Seele lebe vom Wort des Herrn, nicht von Brot oder Fleisch. Luther beharrt auf dem wörtlichen Verständnis der Einsetzungsworte. Im Jahre 1541 erliegt Capito der Pest.

Aufgrund eines langen brieflichen Austauschs und nach vielen Einzelgesprächen mit Zwingli gelingt es dem Landgrafen Philipp von Hessen, die im Reformwillen vereinten, aber in einzelnen Punkten der Schriftauslegung unterschiedenen Lutheraner und Zwinglianer an seinen Tisch zu holen. 1529 lädt er die Spitzenleute der deutschen und der Schweizer Reformation nach Marburg zum offenen Gespräch ein, denn er hofft nach dem Ausgleich der religiösen Unterschiede auf eine Festigung des politischen Bündnisses. Philipps Plan ist, außer den niederdeutschen und mitteldeutschen Ländern

---

[103] Vgl. »Martin Bucer« in: *Theologisches Handwörterbuch*.

alle kaiserfeindlichen Kräfte Europas einschließlich Dänemarks zu einem Block gegen die Habsburger Monarchie zu vereinen. Um zu zeigen, dass er als treuer Anhänger der Reformation alle Reliquienverehrung ablehnt, lässt er später – zehn Jahre nach dem Marburger Gespräch – die Gebeine der heiligen Elisabeth aus ihrer Ruhestätte neben der Marburger Elisabethkirche entfernen und zerstören, obwohl diese Reliquien mit quasi magnetischer Kraft ständig große Pilgerscharen angezogen hatten.

Den Theologen, die sich während der ersten drei Oktobertage des Jahres 1529 im Marburger Schloss versammeln, gelingt es nicht, ihre unterschiedlichen Standpunkte zu überbrücken. Luther beharrt eisern auf der Realpräsenz Christi im Abendmahl (er hatte unter der Tischdecke mit Kreide auf die Tischplatte die Worte geschrieben *Hoc est corpus meum*); andererseits bleibt Zwingli dabei, die Einsetzungsworte symbolisch zu deuten: Seit der Himmelfahrt throne das heilbringende Fleisch Christi zur Rechten des Vaters im Himmel und könne nicht gleichzeitig im Brot sein. Es sei nicht möglich, allein mit den Einsetzungsworten die »grausige, nur unter Menschenfressern angängige Meinung« vom leiblichen Essen zu stützen; die Einsetzung sei vielmehr nach dem Wort »Das Fleisch ist nichts nütze« in Joh 6 zu interpretieren: »Was ich euch zum Essen darreiche, ist das Symbol meines für euch dahingegebenen Leibes.« Das Wort »Symbol« stachelt Luthers Zorn auf, zu deutlich erlebt er die Anwesenheit Christi beim Abendmahl; empört ruft er aus, wobei er die Faust auf den Tisch haut:

> Jene Worte »Das ist mein Leib« halten mich gefangen. Wenn er mir gebieten würde, Mist zu essen, ich würde es tun, da ich [...] weiß, es ist mir heilsam. Der Knecht grüble nicht über den Willen seines Herrn [...] Schafft mir den Text heraus, so bin ich zufrieden.

Johannes Oecolompadius versucht, Luther zum Einlenken zu bringen: »Hanget nicht so sehr an der Menschheit und am Fleische Christi, sondern erhebet den Sinn zur Gottheit Christi!« Doch Luther entgegnet: »Ich weiß von keinem Gott denn dem, der Mensch geworden ist; so will ich auch keinen anderen haben.«[104] Obwohl das Gespräch im Marburger Schloss ohne die erhoffte Verständigung zu Ende geht, waren die drei Tage nicht umsonst: man ist sich einig in der Forderung nach den zwei Gestalten von Leib und Blut in Brot und Wein, einig im Ersetzen des Begriffes »Messopfer« durch den Namen »Sakrament des wahren Leibes und Blutes Jesu Christi« sowie darin einig, dass es beim Abendmahl um ein geistliches Genießen (»Schmecken«) gehe und darum, die schwachen Gewissen zum Glauben zu bewegen. Das Protokoll vermerkt ausdrücklich: »Ob der wahre Leib und das Blut Christi leiblich im Brot und Wein sei«, darüber habe man sich nicht vergleichen können.[105]

Auch nach dem ungünstigen Ausgang des Marburger Treffens bleibt Philipp von Hessen im Gespräch mit Zwingli über ihr Bündnis, das Zürich mit Basel und Straßburg als Gegenpol zur Herrschaft der Habsburger schließt. Wegen einer Proviantsperre gegen die fünf katholischen Kantone, die auf Getreide aus dem Elsass und aus Süddeutschland angewiesen sind, kommt es zum Krieg, der für das Bündnis ein schlimmes Ende nimmt: Zwingli findet als Feldprediger im Züricher Heer am 11. Oktober 1531 in der Schlacht von Kappel den Tod.

Zum Nachfolger Zwinglis beruft der Zürcher Stadtrat HEINRICH BULLINGER (1504–1575), unter der ausdrücklichen Weisung, der neue »Antistes« (Oberpfarrer) solle sich so wie die übrigen Pfarrer auf das Verkündigen des Gotteswortes beschränken und sich nicht in die »weltlichen Sachen« einmischen.[106] Bullinger entwirft 1532 eine Synodalordnung und baut die Zürcher Schule aus. Ein Jahr nach Zwinglis Tod führt Martin Bucer als Nachfolger des an der Pest gestorbenen Oecolampadius die Unionsverhandlungen mit den Lutheranern in Wittenberg, aus denen im Jahr 1536 die »Wittenberger Konkordie« hervorgeht. Diese maßgeblich von Melanchthon geprägte Überein-

---

[104] *Handbuch der Kirchengeschichte* IV, S. 260.
[105] *Handbuch der Kirchengeschichte* IV, S. 261.
[106] *Handbuch der Kirchengeschichte* IV, S. 262.

kunft sollte den Abendmahlsstreit beilegen. Für die Unionsbemühungen mit Bucer und Luther, an denen Bullinger selbst allerdings nicht teilnimmt, schafft Bucer das Erste Helvetische Bekenntnis (*Confessio helvetica prior*). Da sich die Lutheraner in der Abendmahlsfrage verweigern, verbünden sich 1549 die Zürcher Reformer mit Calvin, stärken also den damals mächtig aufstrebenden Calvinismus.

24 Das Augsburger Bekenntnis 1530

Als Karl V. nach seinem Sieg über Frankreich Spanien befriedet und auch mit dem Papst Frieden geschlossen hatte, konnte er sich dem deutschen Problem zuwenden, wo seit mehr als zehn Jahren die Verständigung in Glaubensfragen ausstand. Der Kaiser wollte eine endgültige Einigung erreichen und schrieb im Januar 1530 einen Reichstag für Augsburg aus. Ein Brückenschlag über alle konfessionellen Grenzen hinweg schien durchweg lebensnotwendig, denn das Reich wurde wieder durch die Türken bedroht. Um ein für alle Seiten gültiges Bekenntnis zu erhalten, wolle man – so heißt es in der Vorrede – dabei

> [...] fleiß tun, eines jeglichen Opinion und Meinung in Liebe und Gütigkeit zu hören, zu verstehen und zu erwägen [...] [um] durch uns alle eine einige und wahre Religion anzunehmen und zu halten und wie wir alle unter Einem Christo sind und streiten, also alle in Einer Gemeinschaft, Kirche und Einigkeit zu leben.[107]

Auf kaiserliche Empfehlung hin erhalten die Wittenberger Theologen (zu denen damals neben Luther und Melanchthon auch Justus Jonas und Johannes Bugenhagen gehören) den Auftrag, ihre abweichenden Lehren zusammenzustellen. Der Auftrag kommt von der Torgauer Kanzlei des Kurfürsten Johann von Sachsen, des Nachfolgers Friedrichs des Weisen, daher nennt man sie Torgauer Artikel. Ihnen lagen die Schwabacher Artikel zugrunde, die Luther unmittelbar nach den Marburger Gesprächen erarbeitet hatte; beide Texte sollten als

---

[107] Sprachlich leicht verändert zitiert nach *Augsburger Bekenntnis*, hrsg. v. GASSMANN, S. 19.

Grundlage für einen evangelischen Bund dienen. Aber jetzt, auf dem Augsburger Reichstag von 1530, ging es um die Einigung mit den katholischen Brüdern.

Während Melanchthon die evangelische Richtung auf dem Reichstag vertritt, wird Luther Tag für Tag von den Vorgängen in Augsburg durch Boten verständigt, deren Berichte ihm oft nicht genügen. Durch das Wormser Edikt geächtet, darf er sich in Augsburg jedoch nicht sehen lassen. Er muss auf der Veste Coburg als dem südlichsten Ort Kursachsens ausharren, wo er seinen eigenen »Reichstag der Dohlen« erlebt und weiter an der Bibelübersetzung arbeitet. Da der Kaiser erst anderthalb Monate nach der Eröffnung zum Reichstag dazustößt, bleibt Melanchthon genügend Zeit, aus den Torgauer und Schwabacher Artikeln die Augsburger Konfession zu bilden. Seit dem Wormser Reichstag von 1521 ist es der unveränderte Wille des Kaisers, in Deutschland eine Verständigung der Konfessionen zu erreichen. Dem kommen die Stände in Augsburg so weit entgegen, als sie einen Text erstellen, den alle Stände unterschreiben können. In 28 Artikeln sind die gemeinsamen Glaubensinhalte thematisch zusammengefasst. Den ersten drei Artikeln (über Gott, die Erbsünde und den Gottessohn) folgt der vierte mit seiner »meisterhaft knappen Definition der Rechtfertigung«:[108]

> Die Menschen können vor Gott nicht gerechtfertigt werden durch eigene Kräfte […] sondern sie werden ohne ihr Zutun gerechtfertigt um Christi willen durch den Glauben, wenn sie gewiss sind, dass sie in die Gnade aufgenommen und ihre Sünden vergeben werden um Christi willen, der durch seinen Tod für unsere Sünden Genugtuung geleistet hat. Diesen Glauben erkennt Gott als Gerechtigkeit vor sich an. (Römer 3 und 4.)

Artikel 7 beinhaltet das aktuelle Thema »Über die Kirche und ihre Einheit«, mit dem die Lutheraner einen Schirm über die wichtigsten Anliegen der Kirche spannen:

---

[108] *Augsburger Bekenntnis*, hrsg. v. BORNKAMM, S. 10.

Es wird auch gelehrt, dass allezeit die eine, heilige, christliche Kirche sein und bleiben muss. Sie ist die Versammlung aller Gläubigen, bei denen das Evangelium rein gepredigt und die heiligen Sakramente dem Evangelium gemäß gereicht werden. Denn das genügt zur wahren Einheit der christlichen Kirche, dass das Evangelium einmütig im rechten Verständnis verkündigt und die Sakramente dem Wort Gottes gemäß gefeiert [urspr.: gereicht] werden. Für die wahre Einheit der christlichen Kirche ist es daher nicht nötig, überall die gleichen, von den Menschen eingesetzten kirchlichen Ordnungen einzuhalten, wie Paulus [...] schreibt: »*Ein* Leib und *ein* Geist, wie ihr auch durch eure Berufung zu *einer* Hoffnung berufen seid; *ein* Herr, *ein* Glaube, *eine* Taufe.« (Eph 4,4–5).[109]

Im weiteren Text fällt Artikel 18 »Vom freien Willen« auf, denn hier heißt es anders als früher – auch wenn Luther persönlich nicht zugegen war, hat er diesen Text zweifellos gebilligt –, dass der Mensch in gewissem Maß über einen freien Willen verfüge:

Es wird gelehrt, dass der Mensch in äußeren Dingen frei zu entscheiden vermöge, aber Gott gefallen könne er nicht ohne die Hilfe des Heiligen Geistes.[110]

Weit kamen die Evangelischen ihren getrennten Brüdern entgegen. Die aber zeigen sich nicht zufrieden. Da der Kaiser die *Responsio*[111] als zu lang und als zu polemisch ablehnt, überreichen ihm die Katholiken ihre zusammengestrichenen Erkenntnisse in einer Schrift, die bereits Mitte Juli als *Confutatio* (Zurückweisung) fertig vorliegt. Der Kaiser hält die *Confessio Augustana* von dem neuen Text für überwunden, und obwohl sich die Protestanten mit ihren Anliegen

---

[109] *Augsburger Bekenntnis*, hrsg. v. GASSMANN, S. 26–27.
[110] *Augsburger Bekenntnis*, hrsg. v. GASSMANN, S. 32.
[111] Am 12. Juli war die *Catholica et quasi extemporalis Responsio* dem Kaiser vorgelegt worden.

(Priesterehe, Abendmahl in beiderlei Gestalt) in der *Confutatio* nicht vertreten fühlen, verlangt er von beiden Parteien die Unterwerfung unter diesen Text. Wieder scheitert der Versuch des Kaisers, durch einen Schiedsspruch eine konfessionelle Verständigung zu erzwingen. Und wieder verbietet sich die Anwendung von Gewalt wegen der Türkengefahr, worauf Erwin Iserloh eigens hinweist.[112]

Trotz der Einigung beider Seiten über die Lehrartikel gingen die weiteren Besprechungen statt von dem inzwischen erreichten Stand wieder von den alten Unterschieden aus. Die Revision führen nicht Theologen, sondern Laien durch. Das zeigen die Unterschriften, die von lauter Laien stammen: Kurfürst Johann und sein Sohn, Markgraf Georg von Brandenburg-Ansbach, die Herzöge Ernst und Franz von Braunschweig-Lüneburg, Landgraf Philipp von Hessen, Fürst Wolfgang von Anhalt sowie Bürgermeister und Stadträte von Nürnberg und Reutlingen.[113]

Am 3. August wird die *Confutatio* den Protestanten vorgelesen, aber noch nicht ausgehändigt. Dies erlaubt es Melanchthon, den Text weiter zu bearbeiten; er verfasst aufgrund seiner Notizen eine Gegenschrift, die er am 22. September dem Kaiser vorlegt. Als der Kaiser auch deren Annahme verweigert, erweitert Melanchthon die Schrift zu der sogenannten *Apologie*, indem er die inzwischen erhaltene Abschrift der *Confutatio* einarbeitet. Zunächst gilt sie als seine Privatarbeit; erst durch die Unterzeichnung in Schmalkalden 1537 rückt sie als Bekenntnisschrift neben die *Augustana*. Stärker als in der *Augustana* werden in der *Apologie* die Unterschiede betont.

Bei dem Augsburger Reichstag war eine Spaltung der evangelischen Seite darin zutage getreten, dass sich die oberdeutschen Städte Straßburg, Konstanz, Memmingen und Lindau von den Anhängern der Augsburger Konfession absetzten. Umso notwendiger war die Vereinigung der echten Lutheraner. Kurfürst Johann der Beständige von Sachsen besaß die erforderliche politische Klarsicht, die geheimen Ränke des Kaisers zu durchschauen. Er appellierte an »alle

---

[112] ISERLOH, in: *Handbuch der Kirchengeschichte* IV, S. 271.
[113] *Augsburger Bekenntnis*, hrsg. v. BORNKAMM, S. 8.

protestantischen Fürsten und Reichsstädte«, sich zu verbünden, um ein Gegengewicht zur habsburgischen Großmacht zu bilden. Er hatte des Kaisers Taktik durchschaut, einen nach dem anderen der evangelischen Fürsten wenigstens auf einige Zeit kaltzustellen. So hatte der Kaiser den hessischen Landgrafen Philipp, der wegen seiner Doppel-Ehe in Ungnade gefallen war, nur unter der Bedingung anerkannt, dass er dem protestantischen Bund nicht beitrat. Der evangelische Herzog Georg von Sachsen schloss freiwillig sein Heer den kaiserlichen Truppen an. So konnten sich nach Kurfürst Johanns Vorschlag am 27. Februar 1531 nur sechs Territorien und elf Städte zum »Schmalkaldischen Bund« vereinen – zu wenige, um sich gegen den Kaiser zu behaupten. Doch das in Schmalkalden geschlossene Verteidigungsbündnis der protestantischen Fürsten und Städte gewann bald Zuwachs.

Zwinglis Tod 1531 hatte die oberdeutschen Städte ihres Führers beraubt, nun suchten sie Rückhalt im Bund. Ab 1532 traten weitere sechs Territorien und neben oberdeutschen Orten auch zwei norddeutsche Städte bei. »Der Schmalkaldische Bund wurde zum Mittelpunkt der habsburgfeindlichen Kräfte. Wie wenig es allein um das ›reine Wort Gottes‹ ging, zeigen gesandtschaftliche Beziehungen zu Frankreich und England und ein Einverständnis mit Bayern.«[114] Dem Kaiser blieb nur ein schmaler Raum: die Türken hatten Ungarn besiegt; im »Nürnberger Anstand« vom 23. Juli 1532 wurde den Schmalkaldenern bis zum nächsten Reichstag die Aussetzung aller Gerichtsprozesse ebenso zugesagt, wie man die Anwendung von Gewalt um der Religion willen untersagte. Ermutigt durch diesen Erfolg, traten so wichtige Städte wie Augsburg, Hannover, Frankfurt, Hamburg sowie die fürstlichen Länder Pommern und Anhalt-Dessau neben den schlesischen Orten Liegnitz und Brieg zur Reformation über.

Theologisch war als Grundlage für die Wittenberger Konkordie wichtig, dass Luther vom sächsischen Kurfürst Johann den Auftrag erhielt, die wichtigsten Anliegen der evangelischen Seite bis zum

---

[114] Nach ISERLOH, *Geschichte und Theologie*, S. 116.

Konzil 1537 schriftlich vorzulegen. Trotz seiner Erkrankung kam er dem Verlangen pünktlich nach. So entstanden die Schmalkaldischen Artikel, »die schönste Bekenntnisschrift der evangelischen Kirche«.[115]

---

[115] LILJE, *Luther*, S. 107.

25 Die Schmalkaldischen Artikel (1537)

Bevor Luther die Artikel ausarbeitete, ereignete sich in Wittenberg »eine Sensation«[116]: Am 7. November 1536 fuhr Luther mit Bugenhagen zum Wittenberger Schloss hinauf, um die Ankunft des Nuntius PIETRO PAOLO VERGERIO zu erleben, den der Papst neben einer Reihe anderer Boten zur Vorbereitung des Konzils ausgesandt hatte. In großem Geleit fuhr der päpstliche Gesandte mit 21 Pferden und Eseln vor. Mit ihm trat der Sendbote eines künftigen Italien unter Luthers Tür in Wittenberg, denn Vergerio wechselte später, durch das Studium reformatorischer Schriften veranlasst, zum evangelischen Glauben über und nahm dafür negative Folgen für sich in Kauf:

Als Bischof von Capodistria soll Vergerio in seiner Diözese protestantische Strömungen begünstigt haben. Er nahm 1540/41 an den Religionsgesprächen in Deutschland teil und war an den Vorverhandlungen über das Konzil von Trient beteiligt. Bei der Inquisition wegen protestantischer Anschauungen angezeigt, wurde er nach Rom zitiert und exkommuniziert (1544), konnte aber nach Graubünden entfliehen.[117] Im Zuge der protestantischen Visitation war Vergerio (offenbar seit 1544) als herzoglicher Rat in Württemberg tätig. Er starb 1565 in Tübingen.

Wichtiger als alle politischen Vorgänge sind für Luther die theologischen Lehrsätze. Als die Wittenberger Theologen sich bewusst werden, dass sie ihre eigenen Anschauungen überdenken müssen, wenn sie zur Verständigung mit den Oberdeutschen und den Schweizern kommen wollen, findet Melanchthon für die evangelische Auffassung vom Sakrament des Altars eine Wendung, die geeignet ist, die lutherische mit der oberdeutschen Auffassung zu verbinden: dass im

---

[116] ALAND, *Reformation Martin Luthers*, S. 135.
[117] ISERLOH, *Geschichte und Theologie*, S. 167.

Abendmahl mit Brot und Wein sich Leib und Blut Christi wahrhaftig, das heißt der Substanz und dem Wesen nach verbinden, »ohne quantitativ oder qualitativ oder localiter gegenwärtig zu sein«[118]. Damit ist eine Formel gefunden, auf die sich die in Wittenberg versammelten Theologen einigen können. Luther fragt die Oberdeutschen eindringlich – denn er will nicht das Risiko eingehen, die oberdeutschen Schwaben und Schweizer könnten ihre Einwilligung bald bereuen – ob sie diesen Satz wirklich genau geprüft hätten. Erst nachdem die Süddeutschen zugesagt haben, dass sie jedes Wort der Formel tatsächlich bejahen, ist er mit ihrer Unterschrift einverstanden.

Papst Paul III. erkannte, dass vor dem Überwinden konfessioneller Unterschiede erst eine Glaubensbereinigung innerhalb der eigenen Kirche notwendig war. Er verabredete mit Kaiser Karl in Mantua ein Konzil für Pfingsten 1537, das erst an andere Orte verlegt werden und schließlich ganz abgesagt werden musste. Kurfürst Johann trug Bedenken, die Teilnahme an dem Konzil werde jeden verpflichten, dem Schiedsspruch zuzustimmen. Er gab Luther den Rat, noch vor Beginn des Konzils den evangelischen Glauben zu beschreiben; auf diese Weise kamen die »Schmalkaldischen Artikel« zustande. Die evangelische Bundesversammlung im Februar 1537 nahm die päpstliche Einladung zum Konzil gar nicht erst an. Der Tod des Herzogs Georg von Sachsen, eines erbitterten Feindes der Reformation, brachte dem evangelischen Lager im Jahre 1539 natürlichen Zuwachs, denn an die Stelle Georgs trat sein evangelischer Bruder Heinrich. Infolge des Regierungswechsels wurde das Herzogtum Sachsen evangelisch, die Augsburger Losung »Cuius regio, eius religio« von 1555 vorausnehmend.

In seiner Einleitung zu den Schmalkaldischen Artikeln verlangt Luther, man solle die unbestrittenen Artikel der Trinitäts- und der Zweinaturenlehre von jenen Artikeln unterscheiden, bei denen die Evangelischen nicht nachgeben könnten, wie bei Rechtfertigung, Messopfer und Papsttum; ohnehin könne man über spezielle Artikel

---

[118] Sprachlich leicht verändert zitiert nach *Martin Bucers Deutsche Schriften*, S. 18 f.

wie Sünde, Buße, Beichte, Taufe, Weihe, Ehe der Priester und die Klostergelübde nur mit Gelehrten und vernünftigen Menschen verhandeln. Dass sich im Jahr darauf die katholischen Kräfte zum »Nürnberger Bund« zusammenschlossen, blieb eine Randerscheinung.

Durch Luthers Erkrankung ist der Ort Schmalkalden für immer mit seiner letzten Lebenszeit verbunden. Luther litt unter der langen Trennung von seiner Familie; in einem späteren Rückblick beklagt er die Trennung und lobt zugleich den Wert der Ehe:

> Ach, wie war mir in Schmalkalden angst vor Sehnsucht, als ich todkrank daniederlag! Ich glaubte, ich würde Frau und Kinder niemals wiedersehen […] Aber seitdem ich wieder gesund bin, liebe ich meine Frau und meine Kinder umso mehr. Niemand ist so geistlich, dass er jene natürlichen Gefühle nicht empfindet. Die Verbindung von Mann und Frau ist eine große Sache, denn sie geschieht nach dem Gesetz der Natur und ist von Gott eingerichtet und geordnet. Aber die Papisten waren es nicht wert, die Würde der Ehe zu sehen.[119]

Luther hat also in den wenigen Jahren seit 1525, als er die entlaufene Nonne Katharina von Bora heiratete, bereits den Segen der Ehe verspürt; darum bedauert er den Papst, dem diese Erfahrung abgeht. Da der Papst kaum verstehen werde, dass ein Mensch sein Handeln an sittlichen Gesichtspunkten ausrichten könne, rät Luther in der Einleitung zum dritten Teil der Artikel, nur mit den eigenen Leuten über die Werte Sünde und Gnade zu verhandeln, keinesfalls mit den römischen Leuten, »denn Conscientia [Gewissen] gilt bei ihnen nichts; aber Geld, Ehre und Gewalt gilt ihnen alles«.[120] Liest man den Text genau, so zeigt sich, dass Luther hier noch in äußerlicher Rechenweise befangen ist und nicht loskommt vom Anrechnen bzw. Nichtanrechnen:

---

[119] Zitiert nach *Luther-Lesebuch*, S. 119 (aus den Tischreden).
[120] LUTHER, *Der große Katechismus*, S. 195.

Lucas Cranach d. J., »Warhafftige Abconterfeiung des Herrn Philipp Melachtonis«, Holzschnitt, 1561. © akg-images

> Wie man vor Gott gerecht wird und von guten Werken: 1) Um Christi willen werden wir von Gott gerecht gehalten: Was ich davon bisher und dauernd gelehrt habe, das weiß ich durchaus nicht zu ändern: nämlich dass wir durch den Glauben [...] ein [...] neues, reines Herz kriegen und dass Gott um Christi, unseres Mittlers, willen uns für ganz gerecht und heilig halten will [...] obwohl die Sünde im Fleisch noch nicht ganz weg oder tot ist, so will er sie doch nicht anrechnen und wissen.[121]

Hier geht es um Anrechnen und Wissen, nicht um das Sein; darum ist Luther nicht frei von der Gesinnung gegenseitigen Vergeltens. Er lässt die Gelegenheit vorbeigehen, auf der neuen Erkenntnis eine eigene Religion des Gewissens zu gründen; nicht einmal die Möglichkeit dieser naheliegenden Gründung wird von ihm erwogen.

Wenn wir Luthers Ausdrücken so genau nachspüren, sollte der Leser das nicht als kleinliche Wortklauberei auffassen; im Großen geht es um die Frage, weshalb sein reformatorischer Impuls kein stärkeres Echo fand, wieso seine theologische Klärung stecken blieb. Stützte sich seine Kirchenkritik zu einseitig auf die eigene Erfahrung? War sie ontologisch ungenügend gegründet? Berücksichtigte er zu wenig die Stimme seiner Freunde – oder seines Gewissens? Andererseits könnte man gerade sein vorsichtiges Zuwarten als Regung eines Gewissens deuten, das weder eine unbedachte Trennung vom Alten noch dessen Herabsetzung ohne gewissenhafte Prüfung zulassen wollte.

---

[121] LUTHER, *Der große Katechismus*, S. 215.

26 Luthers Hingang und seine Nachwirkung

Im Alter wird Luther zunehmend von Todesahnungen heimgesucht, vor allem im Gefolge der letzten schweren Erkrankung, die ihn in Schmalkalden befiel, fern seiner Heimat. Es war für Luther ein großes Anliegen, als er das Ende kommen sah, den Lebenden ein letztes Bekenntnis zu hinterlassen. So können wir die Schmalkaldischen Artikel als sein Testament betrachten. In Luthers letzten Briefen kündigt sich sein Abschied an, oft ist darin von seiner Müdigkeit die Rede, er sei abgearbeitet und wandle schon auf der Grube. Kaum ist Luther Anfang Februar 1537 in Begleitung des Kurfürsten Johann in Schmalkalden eingetroffen, als er sich niederlegen muss. Er fühlt sich sterbenskrank, diktiert dennoch weiter die begonnenen Artikel. Der Kurfürst hilft, so gut er kann, und stellt den eigenen Leibarzt zur Verfügung. Die Begleiter und der Patient selbst – sie alle rechnen mit Luthers Ableben. Trotz seiner großen Schwäche lässt ihn der Kurfürst in seiner privaten Reisekutsche am 26. Februar aus der Stadt wegführen, damit er nicht in der Fremde stürbe. Als in der Nacht zum 27. Februar in Tambach eine Pause eingehalten wird, fühlt sich Luther auf einmal wie neugeboren. Noch in der gleichen Nacht schreibt er an seine Frau und an Freund Spalatin, ganz beglückt über seine Erweckung vom sicher scheinenden Tode. Er dankt ihnen für ihre Fürbitte und empfiehlt das an ihm erlebte Gebetswunder als Beispiel für ähnliche Fälle.

Im Winter 1545 rufen die Grafen von Mansfeld ihn zum Vermittler in einem Erbstreit an; er will dem Ruf folgen, obgleich ihn einige Freunde vor dem nasskalten Wetter und dem schlechten Zustand der Thüringer Straßen warnen. Alle Bedenken abschüttelnd, freut er sich wie ein Kind auf das Wiedersehen mit der Heimat. Dort stehen langwierige Verhandlungen an; er sucht die beiden Kontrahenten bei ihrer Standesehre und ihrem Gewissen zu fassen, drängt mit viel

Mühe den Egoismus zurück, der sich auf beiden Seiten geltend machen will, und gelangt dicht an eine endgültige Verständigung heran. Als die Grafen den letzten Versöhnungsschritt hinauszögern, droht Luther mit seiner Abreise. Da endlich gehen beide aufeinander zu, und Luther kann beruhigt an seine eigene Abreise denken. Vier Tage vor seinem Tod schreibt er seiner Frau:

> Liebe Käthe! Wir hoffen, diese Woche wieder heimzukommen, so Gott will. Gott hat hier große Gnade erzeigt; denn die Herren haben durch ihre Räte fast alles verglichen bis auf zwei oder drei Artikel, unter welchen ist, dass die zwei Brüder Graf Gebhard und Graf Albrecht wiederum zu Brüdern werden. Das soll ich heute vornehmen. Ich will sie zu mir zu Gast bitten, dass sie auch miteinander reden [...] Ich schicke Dir Forellen, so mir die Gräfin Albrecht geschenkt hat; die ist der Einigkeit von Herzen froh.[122]

Am selben Tag schreibt er auch an Philipp Melanchthon:

> Ich habe heute den überaus willkommenen Brief des Fürsten bekommen, der mich nach Hause ruft, lieber Philippus, und ich beeile mich wegzugehen, da ich dieser Dinge übersatt bin. Doch sorge bitte dafür, dass mir wenigstens, wenn ich etwa auf der Reise sein werde, ein Bote entgegenkomme, der ein wenig von dem Ätzmittel mitbringe, mit dem mein Schenkel offen gehalten zu werden pflegt. Denn es ist fast die ganze Wunde zugeheilt, welche zu Wittenberg geöffnet ist. Du weißt, wie gefährlich das ist. Und hier hat man nicht derartige Ätzmittel. Meine Käthe weiß, an welchem Ort in meiner Stube diese Art des so notwendigen Ätzmittels liegt. – Das Weitere, so Gott will, in Kürze mündlich. Denn ich will mich losreißen. Gehab Dich wohl in dem Herrn.[123]

---

[122] *Luther Deutsch* Bd. 10, Brief Nr. 348.
[123] *Luther Deutsch* Bd. 10, Brief Nr. 349.

Am Abend des 17. Februar befallen den Angina-Pectoris-Patienten Fieber und Schwäche, die mit den alten Mitteln überwunden werden. Der Kurfürst hatte gleich auf die erste Kunde von Luthers Erkrankung seinen Leibarzt geschickt. Aderlass und andere Hilfen verschaffen dem Todkranken Erleichterung. Aber in der Nacht, in den ersten Stunden des neuen Tages, wiederholt sich der Schwächeanfall. Die Leute an seinem Lager erkennen die bedrohliche Lage und rufen den Arzt und die Grafen, alle bemühen sich um Erleichterung. Der Kranke betet, Justus Jonas schreibt die Zeilen auf:

»O mein himmlischer Vater, Gott und Vater unseres Herrn Jesu Christi, Du Gott alles Trostes, ich danke Dir, dass Du mir Deinen lieben Sohn Jesum Christum offenbart hast, an den ich glaube, den ich gepredigt und bekannt habe, den ich geliebet und gelobet habe, welchen der leidige Papst und alle Gottlosen schänden, verfolgen und lästern.
Ich bitte Dich, mein Herr Jesu Christe, lass Dir meine Seele befohlen sein.
O himmlischer Vater, ob ich schon diesen Leib lassen und aus diesem Leben weggerissen werden muss, so weiß ich doch gewiss, dass ich bei Dir ewig bleiben und aus Deinen Händen mich niemand reißen kann.«

Immer wieder spricht er das Gebet aus der Complet: *In Deine Hände befehle ich meinen Geist, Du treuer Gott.*

Als er stiller wird, rufen ihm die beiden treusten Mitarbeiter zu: »Reverende, Pater, wollet ihr auf Christum und die Lehre, wie Ihr sie gepredigt, beständig sterben?« Er antwortete noch mit klarer Stimme »Ja« und ist bald darauf friedlich und sanft im Herrn entschlafen, wie Simeon singet.[124]

---

[124] Aus Luk 2,25 ff. – Wortlaut und Schilderung der Todesstunde nach Lilje, *Luther*, S.118.

Der Wortlaut des Gebetes ist wohl nachträglich überarbeitet; doch ebenso sicher entrang Luther auf irgendeine Weise sein wahres Wesen dem Krankheitszwang. Der Zwist der beiden Grafen hat dazu geführt, dass Luther in derselben Stadt stirbt, in der er geboren wurde. Beigesetzt wird sein Leichnam in der Wittenberger Schlosskirche am 22. Februar.

27 Offen gebliebene Fragen

Unfassbar viel ist zu Luthers Reformation geredet und geschrieben worden, viel guter Wille wurde aufgebracht, um seinem Neuerungseifer gerecht zu werden. Trotz aller Mühe und aller guten Absicht blieb so manche Frage ohne Antwort und so manches Problem ohne Lösung. Selbst das Verhältnis des Menschen zu Gott hat sich im Lauf der Zeit geändert. Dennoch behauptet die Frage der Rechtfertigung weiterhin den ersten Platz – allerdings in wesentlich anderer Weise als früher. Konnte in den normalen Zeiten der Religionsausübung der Gläubige anhand der zehn Mosaischen Gebote mit Hilfe der Beichte laufend überprüfen, ob sein Verhalten der Norm entsprach, so ist ihm heute durch das Zurückdrängen der Beichte eine größere Verantwortung für sein Verhalten zugesprochen. Statt sich vor Gott zu rechtfertigen, will der Mensch von heute sich zuerst in seinem Verhalten gegenüber der Umwelt vor dem Gewissen der allgemeinen Menschheit rechtfertigen.

Umweltschützer wachen über die Einhaltung der Normen und spielen die Rolle des Gewissens – nicht nur für eine Gruppe oder ein Volk, sondern auf manchem Gebiet für die ganze Menschheit. Man hat sich guten Gewissens damit abgefunden, auch ohne Gott auszukommen und sich sein Leben so schön wie möglich zu machen.

1) Ungelöst von der Reformation bleibt das Verhältnis des Menschen zu Gott. Wie soll man Gott lieben, wenn er sich mit einer Mauer von Geboten umgibt? Bis in die Formulierung der Erklärung Luthers zu den Zehn Geboten spielt die Furcht eine vordringliche Rolle, denn jede dieser Erklärungen beginnt mit der Forderung der Gottesfurcht: »Wir sollen Gott fürchten, lieben und vertrauen …«

Eine merkwürdige Frage enthält die Zusage Christi, er wolle den Jüngern »ein neues Gesetz« geben (Joh 13,34). Heißt das, sie würden über die Zehn Gebote hinaus ein weiteres, elftes Gebot erhalten, oder heißt es, das bisherige Gesetz solle aufgehoben werden und allein das neue Gebot gelten? Luther verstand das Wort Jesu als zusätzliches Gebot und litt unsäglich, wie er ein Jahr vor seinem Tod bekennt, unter der Vermehrung solcher Pein:

> Als ob es noch nicht genug wäre, dass die elenden und durch die Erbsünde ewig verlorenen Sünder durch das Gesetz des Dekalogs mit jeder Art von Unglück beladen sind – musste denn Gott auch noch durch das Evangelium Jammer auf Jammer häufen und uns auch durch das Evangelium seine Gerechtigkeit und seinen Zorn androhen?[125]

Es ist typisch für Luther, dass er von Gott an erster Stelle nur Gerechtigkeit und Zorn erwartet, aber keine väterliche Liebe. Als Luther die eben zitierten Sätze schrieb, stand ihm zweifellos das furchterregende Gottesbild vor Augen, das ein strenger Vater dem Kind eingeprägt und nominalistische Lehrer in der Seele des jungen Mönchs befestigt hatten. Einen Unterschied zwischen dem Gebot der Liebe und den alten Geboten kannte Luther nicht. Für eine Reform der Kirche, die bis in die Wurzeln des Christentums reichte, hätte es eines Reformators bedurft, der den Unterschied zwischen dem »Du sollst« des Moses und dem Liebe-Gebot Jesu nicht nur verstand, sondern auch in Wort und Tat beherzigte.

2) Das Verhältnis der weltlichen zur geistlichen Obrigkeit spielte schon seit dem Jahre 1517 immer wieder in den Ablauf des Geschehens herein. Als Luther zum Verhör vor Kardinal Cajetan nach Augsburg eingeladen wurde, stellte ihn sein Landesherr, Kurfürst Friedrich, unter seinen besonderen Schutz. Musste man doch bezweifeln, dass der Kaiser und die Kurie ihre Zusage freien Geleits einhalten würden, da es doch den Römern darauf ankam, den aufsässigen Mönch so schnell wie möglich zum Schweigen zu bringen; umso wichtiger

---

[125] Zitiert nach *Luther-Lesebuch*, S. 131.

war es, dass Friedrich den Schutz übernahm. Hundert Jahre zuvor war beim Konstanzer Konzil Johann Hus entgegen der Zusage freien Geleits zum Feuertod verurteilt und hingerichtet worden; ein solches Schicksal blieb Luther durch den Schutz seines Landesherrn erspart. Friedrich der Weise handelte ganz im Sinne der Gewaltenteilung, als er für den leiblichen Schutz seines Untertans sorgte, denn das ist die erste Pflicht der weltlichen Macht.

Als Ulrich von Hutten mit der deutschen Veröffentlichung der Schrift des Humanisten Lorenzo de Valla über die Konstantinische Schenkung den Betrug der Kirche aufdeckte, förderte dies das Zutrauen der Mächtigen dieser Welt zu jenen Männern, die kritisch zur Kirche standen.

Auf das Verhältnis von Staat und Kirche wirkte sich stark die Tatsache aus, dass kein Bischof zur Reformation übergetreten war. Das Fehlen einer kirchlichen Leitung und ihre Vertretung durch weltliche Fürsten ließ die neuen Landeskirchen ohne geistige Orientierung. Dies galt seit dem 16. Jahrhundert bis zum Beginn der Weimarer Verfassung im Jahre 1919, als jeder deutsche Staat seine monarchische durch eine republikanische Verfassung ersetzte.

Wohl in keinem Fall stellte ein zum Notbischof avancierter Landesfürst seinen Staatsapparat selbstlos in den Dienst der unerfahrenen Vertreter der Reformation, vielmehr suchte jeder die zur Visitation der Gemeinden seines Landes geplanten Maßnahmen dem Vorteil seines eigenen Staatswesens unterzuordnen. Das zeigte sich gleich an der Art, wie Johann der Beständige die Visitation für die Visitatoren Kursachsens einrichten ließ. Treffend bemerkt dazu Gerhard Wehr: »Hier spricht und handelt eben nicht der Christ, sondern der Inhaber der staatlichen Macht.«[126] Von gleicher Art ist die Selbstverständlichkeit, mit der sich Kaiser Wilhelm während des Ersten Weltkriegs als »Landesbischof *und* obersten Kriegsherren« öffentlich huldigen ließ.[127]

---

[126] WEHR, *Umstrittene Reformation*, S. 69.
[127] WEHR, *Umstrittene Reformation*, S. 69.

3) Die soziale Not des einfachen Volkes ging bei allen Disputationen über Fragen der Religion weitgehend unter.

Thomas Müntzer, aus einfachen Verhältnissen stammend, in dem Bergstädtchen Stolberg im Südharz geboren und etwa sieben Jahre jünger als Luther, begeisterte sich früh für die Ideen des Reformators. Luther empfahl den seit 1523 in Allstedt wirkenden Prediger in das lutherfreundliche Zwickau.

Hier wurde der junge Prediger nicht nur mit den berüchtigten »Zwickauer Propheten« bekannt, sondern auch mit der sozialen Kluft zwischen Arm und Reich. Da waren auf der einen Seite die Besitzer von Silbergruben, die »Fundgrübner« von Zwickau; auf der anderen Seite gab es die verarmten Tuchgesellen und Bergarbeiter als Vertreter einer frühen Form des Proletariats.[128]

Müntzer musste die Stadt verlassen. Er wandte sich nach Prag, wo er Verbindung mit den Hussiten aufnahm in der Hoffnung, Gleichgesinnte zu treffen. Er hatte sehr bald begriffen, dass Reformation sich nicht auf den religiösen Bereich beschränken durfte; sie musste helfen, die einfachen Volksschichten aus ihrer unverschuldeten Armut zu befreien.

Zeitlebens war Müntzer auf der Flucht, denn seine revolutionäre Redeweise verletzte seine Hörer. Trotzdem führte er ein durchaus spirituelles Leben. In allem erinnerte er an die Vorhersage Jesu Christi: »Siehe, ich sende zu euch Propheten und Weise [...] einige von ihnen werdet ihr töten und kreuzigen und andere werdet ihr von einer Stadt zur anderen verfolgen« (Mat 23,34).

Bei aller unsteten Art seines Daseins befasste sich Müntzer mit der Neugestaltung der Liturgie; er war der erste, der einen rein deutschen Gottesdienst einrichtete. Er nahm dabei nicht wie Luther zu viel Rücksicht auf das Bibelwort, sondern wandte auf einzelne Fragen seine eigene spirituelle Erfahrung an: »Die Christen dürfen nicht mehr glauben, Gott habe nur einmal geredet in der Bibel ›und sei

---

[128] WEHR, *Umstrittene Reformation*, S. 88.

dann verschwunden in der Luft‹.«[129] Walter Nigg, der große Kirchenhistoriker, ergänzt die Stelle mit seinen Worten: »Die wahre Rettung besteht vielmehr im ewigen Wort Gottes, wonach jeder Prediger Offenbarungen haben muss, weil er sonst die Botschaft nicht richtig verkündigen kann.«[130] Erst die Berührung mit lebendigem Geist weckt Früchte aus der religiösen Rede, die ohne sie fruchtlos und leer bleibt.

Luther hat in seinem Leben zwei wichtige Dinge versäumt: Er durchschaute nicht die soziale Not, welche vor allem die Bauern bedrückte. Obwohl sie das starke Argument auf ihrer Seite hatten, Christus habe alle Menschen befreit, darum sei die Leibeigenschaft unchristlich, schlug Luther ihren Anspruch nieder mit dem Hinweis, jede Obrigkeit sei von Gott verordnet, darum müsse man ihr gehorchen. Luther wies auf das Nebeneinander von weltlichem Reich, in dem strenge Gebote angewendet werden müssten, und Gottesreich, in dem Barmherzigkeit und Friede gelten dürften. Luther hatte in seiner Antwort auf die zwölf Artikel der Bauernschaft 1525 die Bauern herausgefordert.[131] Darin hieß es:

> Ein Leibeigener kann wohl Christ sein und christliche Freiheit haben, so wie ein Gefangener oder ein Kranker ein Christ ist, ohne doch frei zu sein. Es will dieser Artikel alle Menschen gleichmachen und aus dem geistlichen Reich Christi ein weltliches, äußerliches Reich machen, was unmöglich ist. Denn weltlich Reich kann nicht bestehen, wenn nicht Ungleichheit ist bei den Personen, dass etliche frei, etliche gefangen, etliche Herren, etliche Untertanen sind.[132]

Dazu muss man die schlimme Art von Leibeigenschaft bedenken, die in deutschen Landen üblich war, wo die Bauern erst ein hohes

---

[129] Zitiert nach Nigg, *Buch der Ketzer*, S. 522.
[130] Sprachlich leicht verändert nach Nigg, *Buch der Ketzer*, S. 354.
[131] Luthers Schrift hat den Titel *Ermahnung zum Frieden auf die Zwölf Artikel der Bauernschaft in Schwaben* (1525).
[132] Zitiert nach Wehr, *Umstrittene Reformation*, S. 64.

Abgabesoll zu erfüllen hatten, bevor sie an ihren eigenen Lebensunterhalt denken konnten. Erst dreihundert Jahre nach der Reformation fand die Leibeigenschaft in Europa ein Ende mit der Bauernbefreiung durch solche tüchtigen Staatsminister wie den Reichsfreiherrn von Stein und seinen Nachfolger Karl von Hardenberg zu Beginn des 19. Jahrhunderts – so lange noch war ein Bauer mit Leib und Leben das Eigentum seines Gutsherrn. In seiner Antwort erteilt Luther den Bauern eine Abfuhr, statt ihnen in ihrem Ringen nach Anerkennung und Befreiung ihres Standes beizustehen. Doch weder an der faktischen noch an der juristischen Ungleichheit der Menschen wagt er zu rütteln. »Der *Reformation zweiter Teil* findet nicht nur nicht statt; er wird unmöglich gemacht.«[133]

Da Müntzer klarer als Luther und andere Zeitgenossen die soziale Not empfand, wäre er wie kein anderer der Mann gewesen, diesen zweiten Teil der Reformation durchzuführen.

In seiner Schrift *Von weltlicher Obrigkeit, wie weit man ihr Gehorsam schuldig sei* hatte Luther noch kritisch angemerkt:

> Du sollst wissen, dass von Anbeginn der Welt an ein kluger Fürst ein gar seltener Vogel ist, ein noch viel seltener ein rechtschaffener Fürst. Sie sind im allgemeinen die größten Narren oder die schlimmsten Bösewichter auf Erden; deshalb muss man sich bei ihnen immer auf das Schlimmste gefasst machen und darf wenig Gutes von ihnen erwarten ... Die Welt ist zu böse und ist es nicht wert, dass sie viel kluge und rechtschaffene Fürsten haben sollte. Frösche müssen Störche haben.[134]

Das sagte er 1523; zwei Jahre später war er froh, die Adligen und die Fürsten als verlässliche Garanten zur Beherrschung der Aufständischen zu haben, bevor denen noch mehr Stadtbewohner zu Hilfe kamen. Wie stark sich seine Einstellung in dieser kurzen Zeit geändert hat, zeigt Luthers Schrift *Wider die räuberischen und mörderischen*

---

[133] WEHR, *Umstrittene Reformation*, S. 64.
[134] Zitiert nach WEHR, *Umstrittene Reformation*, S. 64–65.

Rotten der Bauern (1525): »Darum soll hier zuschlagen, würgen und stechen, heimlich oder öffentlich, wer nur kann, und daran denken, dass es nichts Giftigeres, Schädlicheres, Teuflischeres geben kann als einen aufständischen Menschen, so wie man einen tollen Hund totschlagen muss.«[135]

In den beiden Schriften, die er während des Bauernkriegs 1525 schrieb, wird Luthers Absage an die Bauern begründet, ihnen zu helfen.

4) Ungelöst blieb auch die Frage, ob das Gewissen oder die Rechtfertigung die letzte Instanz sind.

Während im Bauernkrieg Tausende von Bauern draußen ihr Leben lassen, schreibt Luther an Johann Rühel, einen Rat des Grafen von Mansfeld: »[Die Bauern] müssen die Rute, die Büchse hören, und es geschieht ihnen recht [...] Es ist genug, dass mein Gewissen vor Gott ruhig ist.«[136] Kann ein ruhiges Gewissen wirklich seine einzige Sorge sein, kann es ihn wirklich beruhigen? Um einen Menschen, dessen Gewissen ruhig bleibt bei solch schreiendem Unrecht, muss man Sorge haben. Musste nicht gerade ihm das Gewissen besonders heftig schlagen?

Luthers Haltung erklärt sich großenteils aus seiner philosophischen Ausbildung, denn der in Erfurt wie in Wittenberg vertretene Nominalismus behauptete die Alleingültigkeit der Begriffe innerhalb des Denkens ohne Auswirkung auf die Wirklichkeit. In diesem Sinn ist das Gewissen für Luther »keine Kraft, die da wirkt, sondern eine Kraft, die über die Werke urteilt«, wie es in einem Text über das mönchische Leben von 1521 heißt.[137] Demnach tritt das Gewissen erst nach vollbrachter Tat in Aktion. Daraus wurde bei Luther die Vorstellung eines vom Willen dominierten Gottes, der völlig souverän – um nicht zu sagen willkürlich, voluntaristisch – seine Gaben, an erster Stelle seine Rechtfertigung, austeilt oder dem Ungehorsamen vorenthält.

---

[135] Zitiert nach WEHR, *Umstrittene Reformation*, S. 66.
[136] Brief an Johann Rühel, zitiert nach WEHR, *Umstrittene Reformation*, S. 66.
[137] Sprachlich leicht verändert zitiert nach WEHR, *Umstrittene Reformation*, S. 25.

Für sich genommen ist das Gewissen (*conscientia*) eine bewunderungswürdige Einrichtung: Es zeigt im Voraus, wie sich Taten der Gegenwart unter dem Einfluss eines radikalen Gerechtigkeitsgefühls in Folgen der Zukunft umwandeln; wie unter dem Gesetz des »Auge um Auge und Zahn um Zahn« die Gegenforderungen immer größeren Umfang annähmen, würde der Kreislauf der Rache nicht rechtzeitig unterbrochen. Das Gewissen warnt den Menschen, indem es ihn die Auswirkung des eigenen Tuns voraussehen lässt, es zeigt ihm vorab die Wirkung seiner Taten auf die Umwelt und auf sein Gegenüber und kann ihn vor schlimmen Folgen bewahren. Lebte der Mensch ohne Einsicht weiter wie vorher, so würde ihn das Gewissen mit unliebsamen Erinnerungsbildern plagen – um in ihm möglicherweise doch noch die Reue und den Wiedergutmachungswillen zu wecken.

Wenn Luther im Gewissen eine nachträglich urteilende Kraft sieht, so liegt diese Kraft nicht sonderlich tief und wird schwerlich einen Lebensweg ändern; dazu bedürfte es eines stärkeren Anstoßes.

Die grundlegende Frage der Reformation betraf die Rechtfertigung: was sie sei und wie sie erfolgen könne. Genügte für die Befreiung des Menschen von seinen Sünden die einmalige Beichte und die dadurch erlangte Lossprechung, oder benötigte die Reinigung einen gründlicheren Prozess? Geschah die Rechtfertigung als ein äußerer oder ein inwendiger Vorgang? Sollte nicht die letztlich entscheidende Instanz zur Bewertung einer Handlung immer das Gewissen sein?

Der Historiker Erwin Iserloh bemerkt eine einseitige Tendenz in dem Text der Apologie Melanchthons zugunsten der außermenschlichen Rechtfertigung; nach seinem Urteil hat die Apologie[138] besonderen Wert für die Entwicklung der Rechtfertigungslehre: Diese »wichtige Monographie über die reformatorische Rechtfertigungslehre« (H. Bornkamm) hat dem einseitig forensischen Verständnis der Rechtfertigung als bloßem Urteilsspruch Vorschub geleistet.[139]

---

[138] Melanchthon sagt in der Apologie, Rechtfertigung heiße Gerechtmachung; vgl. ASMUSSEN, *Warum noch lutherische Kirche?*, S. 80.

[139] Zitiert nach ISERLOH, *Handbuch der Kirchengeschichte* IV, S. 274.

Maßgebend für die Einschätzung des Wertes seines Tuns wurde also nicht, dass der Gläubige durch die Rechtfertigung im ontologischen Sinn Wiedergeburt und neues Leben erlangt oder dass er durch die Rechtfertigung ein Kind Gottes und ein Miterbe Christi wird. Vielmehr wird allen Ernstes behauptet, der Gläubige erfahre mit der forensischen (von einem äußeren Forum ausgesprochenen) Rechtfertigung eine bloß imputative (angerechnete), lediglich registrative Gerecht-Erklärung.[140]

Unwillkürlich bildet sich die Vorstellung einer außerirdischen Kontoführung, einer irgendwo im Kosmos thronenden Behörde, die jede einzelne Tat der Gläubigen prüft und bewertet – eine Vorstellung, die den gläubigen Christen frösteln lässt. Keinesfalls kann imputative Gerecht-Erklärung eine religiöse Erfüllung ersetzen. Den Gläubigen befallen Zweifel, und der die Lehre ernst nehmende Theologe gerät an den Rand absoluter Verzweiflung über dieses Dilemma.

Aus jeder Beschreibung der Rechtfertigungslehre geht hervor, dass die forensische Rechtfertigung ein außermenschlicher Vorgang ist, vorgenommen durch eine außermenschliche Instanz, die irgendwo an einer Stelle des Weltraums lokalisiert ist oder weiträumig in einer geistig die Erde umgebenden Substanz existiert.

Das Gewissen hingegen ist eine inwendige Kraft, die sowohl vor wie auch bei oder nach einer Tat seinem Inhaber den Wert oder Unwert seines Vorhabens meldet; sie begleitet den Willen des Menschen in jeder Phase seines Verhaltens. Beide Existenzformen widersprechen einander. Soviel ich sehe, hat keiner der früheren Theologen den existenziellen Gegensatz bemerkt, der zwischen den beiden Existenzformen besteht: Beide schließen einander kategorisch aus. Entweder wird der Mensch von einer fremden Instanz außerhalb seiner Wesenheit dirigiert, oder er gehorcht jener Stimme in seinem Inneren, die jedes Kind als inwendige Macht kennt. Sie gehört zur inwendigen Region unseres Herzens, des wichtigen Organes, sie kann in unmittelbarer Berührung mit diesem Zentralorgan den Herzschlag anfeuern oder lähmen und macht sich wie das Herz durch »Schlagen« bemerkbar.

---

[140] Vgl. dazu Kapitel 7.

Hier offenbart sich an einem zentralen Punkt das Unfertige des Protestantismus, das einer Aufarbeitung bedarf. Wenn wir mit Alfred Heidenreich und anderen Theologen die Reformation mit der Pubertät eines Jugendlichen vergleichen, so verbindet sich mit dieser Beobachtung die Hoffnung auf ein Heranwachsen zu klarer Reife:

> Die Reformation [...] war das »Pubertätszeitalter« des Christentums. Nur in dieser Sicht kann man das Elementare und Eruptive ihres Auftretens verstehen. Der Durchbruch war ebenso subjektiv und ichbetont, wie das Erwachen des jungen Menschen zu sich selbst an der Schwelle der Geschlechtsreife es ist. [...] Der Protestantismus hat sehr seelen-egoistische Seiten der Religion entwickelt.

Diese kommen in solchen Aussagen zum Ausdruck wie in Ulrich von Huttens Ruf »Ich hab's gewagt!« und in Luthers Frage: »Wie kriege ich einen gnädigen Gott«, was »geradezu eine klassische Ausdrucksform des religiösen Egoismus ist«.[141]

Heidenreich erinnert daran, dass heute ein neuer Wendepunkt erreicht ist, der mit dem Mündigwerden des jungen Menschen vergleichbar und mit einer gewissen Ernüchterung im Leben verbunden sei. Kam es bei der Pubertät auf das Erwachen des Intellekts an, so ist der Schritt zur Mündigkeit im Erstarken der Persönlichkeit zu sehen, die zu eigenem Urteil und eigener Verantwortung bereit ist, also nicht nur mit Intellekt oder Gefühl, sondern mit allen Seelenkräften im Leben stehen will.

An diesem Wendepunkt sind vor allem der Wille und die Entscheidung gefordert. Als wir in Kapitel 6 die beiden Willensmenschen Martin Luther und Friedrich Rittelmeyer miteinander verglichen, fanden wir gewisse Ähnlichkeiten zwischen beiden. Luthers Stärke lag darin, dass er sich mutig jeder neuen Frage stellte, auch wenn er wie im Falle des Bauernkriegs ein Fehlurteil fällte und Fürsten und Adel zum Dreinschlagen anspornte, getreu seiner Devise: Lieber eine

---

[141] Zitate nach HEIDENREICH, *Reformation oder Neubegründung?*, S. 167.

falsche als keine Entscheidung! Friedrich Rittelmeyer war hingegen bereit, umsichtig in die Zukunft zu gehen – ohne Lebenssicherung, aber im Vertrauen auf die Hilfe des Geistes.

Als Friedrich Rittelmeyer durch die Begegnung mit Rudolf Steiner die Anthroposophie und die Idee der wiederholten Erdenleben kennenlernte, bewegte ihn in erster Linie der Ausblick auf ein Schaffen der Zukunft aus dem Willen. Vielen Menschen könnte seine Bereitschaft für die Zukunft den Lebensmut stärken.

Am Gedanken der Wiederverkörperung erfreute ihn, dass dieser »nicht nur als Gedankenproblem« den Menschen bewegt, sondern »lebendig das Wesen des Menschen ergreift«. Hier erkannte er die Aufgabe, an seinem eigenen Wesen zu arbeiten: »Man wird dann erst sehen, wie gering der Antrieb zum persönlichen Streben war, das vom bisherigen Christentum ausging.« Noch mehr als im Katholizismus fehle im Protestantismus, der sich an die weltliche Ethik angeschlossen habe, dieser Antrieb zur Arbeit am eigenen Wesen. »Der Mensch, der im Licht der Wiederverkörperungsidee lebt, weiß, dass all sein Streben, auch sein geheimstes Wollen, den vollen Wert einer Realität hat, die sich im Weltganzen auswirkt.«[142]

5) Luther hatte in seinem Wittenberger Turmerlebnis die bedingungslose Gnade Gottes erlebt und die Konsequenz für sein religiöses Leben gezogen, ein für allemal aufgenommen zu sein in die Reihen der Begnadeten. Aber als er daraus folgerte, jeder Gläubige stehe wie er unter der Gnade, ging er damit entschieden zu weit. Im Leben hatte seine Überzeugung fatale Konsequenzen: Die Gläubigen wurden lässig, ihnen genügte die einmalige Kunde von ihrer Erlösung. Die Menschen versäumten das Erteilen von Gaben und Spenden für besondere Anlässe und Aufgaben.

Einen völlig anderen Eindruck erhalten wir, wenn wir uns Friedrich Rittelmeyer und dem 20. Jahrhundert zuwenden. In der Idee der Wiederverkörperung fand Rittelmeyers Fragen nach dem Lebenssinn eine reiche Erfüllung, denn die Arbeit am eigenen Wesen würde

---

[142] RITTELMEYER, *Wiederverkörperung*, S. 108–110.

seine Sehnsucht völlig befriedigen. Dabei hielt er nichts von einer den Anthroposophen oft unterstellten Selbstvervollkommnung im egoistischen Sinn. Er wusste, dass solche Vorstellungen im Anblick der Ewigkeit dahinschmelzen würden wie Schnee an der Sonne. Aber Arbeit am eigenen Wesen stellte für ihn einen notwendigen Dienst dar, um der Gottheit ein besseres Werkzeug für ihre Arbeit an Erde und Mensch zu sein.

Bei Luther lässt sich das fehlende Vertrauen in das Schicksalswalten der Zukunft mit dem Hinweis entschuldigen, der Mut zur Zukunft habe ihm fehlen dürfen, weil er im Unterschied zu Rittelmeyer weder die Wiederverkörperung noch die Anthroposophie kannte.

Wir heutigen Erdbewohner haben die Aufgabe, mit dem Wissen um die Reinkarnation wie Rittelmeyer Luthers Anregungen zu prüfen und das Gute daran in Impulse für die Zukunft zu verwandeln.

Verwendete und weiterführende Literatur

Bibel- und Werkausgaben:

Das Neue Testament. In der Übersetzung von Heinrich Ogilvie. Hrsg. v. Friedrich Ogilvie, Christoph Rau und Ollif Smilda. Stuttgart 1996, 2. Aufl. Stuttgart 2001
Das Neue Testament in die Sprache der Gegenwart übersetzt und kurz erläutert von Ludwig Albrecht (Gotha 1920), ^{5}1926
Das Neue Testament und frühchristliche Schriften. Übersetzt und kommentiert v. Klaus Berger und Christiane Nord. Frankfurt/Main u. a. 1999
Die Bibel – Einheitsübersetzung der Heiligen Schrift, Altes und Neues Testament. Lizenzausgabe der Katholischen Bibelanstalt. Stuttgart 1980
Die Bibel nach der Übersetzung Martin Luthers, hrsg. v. der Evangelischen Kirche in Deutschland. Revidierte Fassung Stuttgart 2017
Nestle-Aland. Novum Testamentum Graece. Stuttgart ^{26}1979
Novum Testamentum Tetraglotton, hrsg. v. C. G. G. Theile und R. Stier (Zürich 1858). Neudruck Zürich 1981
Börger, Paul: Quellen zur Geschichte der Reformation, Heidelberg 1953
Das Augsburger Bekenntnis Deutsch 1530-1980. Hrsg. v. Günther Gassmann. Revidierte Fassung. Göttingen ^{3}1979
Martin Bucers Deutsche Schriften Bd. 6,1. Gütersloh 1988
Origenes: Geist und Feuer. Ein Aufbau aus seinen Schriften von Hans Urs von Balthasar (1938). Einsiedeln ^{3}1991
Rittelmeyer, Friedrich: Tagebuch 1903 (unveröffentlicht).
Texte der Kirchenväter. Eine Auswahl nach Themen geordnet. Bde. I–V, zusammengestellt und hrsg. v. Alfons Heilmann unter wissensch. Mitarbeit v. Heinrich Kraft. München 1963–1966
Augustin – Leben und Werk. Hrsg. v. Walther von Loewenich. München 1965

Martin Luther:

Doctor Martin Luther's Hauspostille, hrsg. v. Johann Georg PLOCHMANN. Erlangen 1826
Luther Deutsch. Die Werke Martin Luthers in neuer Auswahl für die Gegenwart, hrsg. v. Kurt ALAND. 10 Bde. u. 1 Registerband. Göttingen ³1983
Luther-Lesebuch, hrsg. v. Christian GREMMELS. Darmstadt 1983
Luther: Der große Katechismus, Die Schmalkaldischen Artikel (Calwer Luther-Ausgabe 1), hrsg. v. Wolfgang METZGER. Gütersloh 1964
WA (Weimarer Ausgabe): D. Martin Luthers Werke, Weimar 1883–2009

Literatur:

ALAND, Kurt: Die Reformation Martin Luthers. Gütersloh 1982
ALAND, Kurt: Die Reformatoren: Luther, Melanchthon, Zwingli, Calvin. Gütersloh ²1980
ALT, Franz: Frieden ist möglich. Die Politik der Bergpredigt. München 1983
ALT, Franz: Liebe ist möglich. Die Bergpredigt im Atomzeitalter. München 1985
ASMUSSEN, Hans: Warum noch lutherische Kirche? Ein Gespräch mit dem Augsburgischen Bekenntnis. Stuttgart 1949
BADDE, Paul: Das göttliche Gesicht im Muschelseidentuch von Manoppello. Berlin 2005
BOCK, Emil, RAU, Christoph u. a.: Martin Luther – Hinweise auf die unvollendete Reformation. Stuttgart 1983
BORNKAMM, Heinrich (Hg.): Das Augsburger Bekenntnis. Hamburg 1965
CHRISTOPHERSEN, Alf: Sternstunden der Theologie, München 2011
GENTHE, Hans Jochen: Mit den Augen der Forschung. Kleine Geschichte des neutestamentlichen Wissens. Berlin 1976
HACKER, Paul: Das Ich im Glauben bei Martin Luther. Graz 1966
Handbuch der Kirchengeschichte. Bd. IV: Erwin ISERLOH, Josef GLAZIK, Hubert JEDIN: Reformation, Katholische Reform und Gegenreformation. Freiburg i. Br. u. a., ³1979
HEIDENREICH, Alfred: »Reformation oder Neubegründung?«, in: Emil BOCK, Christoph RAU u. a., Martin Luther – Hinweise auf die unvollendete Reformation. Stuttgart 1983, S. 164–170
HUCH, Ricarda: Das Zeitalter der Glaubensspaltung. Zürich 1957

Huch, Ricarda: Luthers Glaube. Leipzig 1916
Iserloh, Erwin: Geschichte und Theologie der Reformation im Grundriss. Paderborn. 3. Aufl. 1985
Lenz, Johannes: Ihr seid das Salz der Erde. Die Bergpredigt heute. Stuttgart 1996
Lilje, Hanns: Martin Luther. Reinbek bei Hamburg [18]1995
Nigg, Walter: Das Buch der Ketzer. Zürich 1949
Rittelmeyer, Friedrich: Wiederverkörperung im Lichte des Denkens, der Religion, der Moral. Stuttgart 1931
Ritter, Gerhard: Luther – Gestalt und Tat. Frankfurt a. M. 1985
Smend, Julius: Die evangelischen deutschen Messen bis zu Luthers Deutscher Messe. Göttingen 1896, Nachdruck 1967
Stracke, Ernst: Luthers großes Selbstzeugnis 1545 über seine Entwicklung zum Reformator. Leipzig 1926
Theologisches Handwörterbuch. Calwer Kirchenlexikon I. Calw u. a. 1905
Vatican-Magazin 4/2016
Wehr, Gerhard: Umstrittene Reformation. München 1983
Weinel, Heinrich: Jesus im neunzehnten Jahrhundert. Tübingen 1903

Christoph Rau

Blicke in die Werkstatt der Evangelisten

143 Seiten, kart.

»Jeder Evangelist gibt die einheitliche Komposition seines Werkes durch charakteristische Wendungen zu erkennen. Durch wörtliches Verstehen der von den Autoren gewählten Ausdrücke lassen sich die Struktur und damit der Sinn eines Schriftwerks genauer bestimmen. Je mehr einem Leser bewusst wird, dass ein Evangelium als Ganzes konzipiert wurde und darum als Einheit gelesen sein will, desto mehr Verständnis wird ihm auch erwachsen für die einzelnen Teile und für die Besonderheiten jedes Evangelisten.«

Christoph Rau hat eine Methode entwickelt, mit der die Texte der Evangelien nach ihrer individuellen »Bauidee« befragt werden. Dank seiner außergewöhnlichen Deutung offenbaren die Texte des Neuen Testaments dem Leser neue und ungeahnte Zusammenhänge.

URACHHAUS